Sabine Heym
Henrico Zuccalli

Dieser Band erscheint in der Reihe
»Schnell & Steiner Künstlerbibliothek«

Herausgegeben von
Prof. Dr. Bruno Bushart · *Malerei*
Dr. Gabriele Dischinger · *Architektur*
Dr. Peter Volk · *Plastik*

Sabine Heym

Henrico Zuccalli
(um 1642–1724)

Der kurbayerische Hofbaumeister

Verlag Schnell & Steiner, München · Zürich

Umschlagvorderseite: Schloß Lustheim, Westseite

CIP-Kurztitelaufnahme der Deutschen Bibliothek

Heym, Sabine:
Henrico Zuccalli: (um 1642–1724); d. Kurbayer. Hofbaumeister / Sabine Heym. –
München; Zürich: Schnell und Steiner, 1984.
(Schnell-&-Steiner-Künstlerbibliothek)
ISBN 3-7954-0365-0

NE: Zuccalli, Enrico [Ill.]

© 1984 Verlag Schnell & Steiner München Zürich
Alle Rechte vorbehalten
Umschlag und Layout: Alfred Lahner, München
Druck: Erhardi Druck, Regensburg
Printed in Germany
ISBN 3-7954-0365-0

Inhalt

Vorwort

Nicht zuletzt die in den beiden vergangenen Jahrzehnten durchgeführten Restaurierungsarbeiten an verschiedenen Bauwerken haben die Person und das Werk Henrico Zuccallis wieder in das Interesse einer breiteren Öffentlichkeit gerückt.

Grundlegend für das Verständnis Zuccallis bleibt die 1912 erschienene, auf reichem Quellenmaterial basierende Arbeit von Richard A. L. Paulus, „Der Baumeister Henrico Zuccalli am kurbayerischen Hofe zu München". In der Zwischenzeit sind neue Erkenntnisse und Einsichten hinzugekommen, neue Fragestellungen haben sich ergeben, so daß es sinnvoll erschien, nach nunmehr über siebzig Jahren in zusammengefaßter Form erneut einen Überblick zu geben. Grundidee war es, neben der Erstellung eines biographischen Abrisses einen Führer durch das architektonische Werk Zuccallis zu schaffen und damit den maßgeblichen Beitrag dieses Baumeisters zur Entwicklung des Barock in Bayern wieder allgemeiner zugänglich zu machen.

Biographie

Die erste Nachricht über den aus Graubünden stammenden späteren Münchner Hofbaumeister Henrico Zuccalli findet sich in einem um 1672 von ihm selbst abgefaßten Schreiben[1]. Als „Henrico Zuccalli Architetto" wandte er sich in italienischer Sprache an die damalige bayerische Kurfürstin Henriette Adelaide, Tochter des Herzogs von Savoyen und Gemahlin des Kurfürsten Ferdinand Maria (1651–1679), und suchte um eine feste Anstellung bei Hofe an. Aus dem Schreiben geht hervor, daß er bereits einige Zeit in München verbracht haben muß, denn er klagte über die prekäre finanzielle Lage, in der er sich seit seinem Aufenthalt in der Stadt befand. Gleichzeitig suchte er überaus selbstbewußt um ein angemessenes Gehalt an und bat, seinen Beruf als Architekt unabhängig ausüben zu dürfen, ohne dabei dem Urteil einer Person unterstehen zu müssen, die von dieser Kunst keine Ahnung habe.

Trotz der anfänglich eher untergeordneten und schlecht dotierten Tätigkeit in München muß er als Architekt einen gewissen Ruf genossen haben, denn er erachtete es nicht für notwendig, in dem Gesuch an die Kurfürstin auf seine bisherige Tätigkeit oder seine architektonischen Kenntnisse zu verweisen, wie dies in derartigen Bewerbungsschreiben üblich war.

Am 16. 2. 1673 wurde er rückwirkend zum 1. 11. 1672 zum Hofbaumeister ernannt und erhielt von Anfang an eine höhere Besoldung als sein Vorgänger, der seit 1654 als Hofbaumeister in München vielbeschäftigte Marx Schinnagl.

Herkunft und Ausbildung – die frühen Jahre

Weder der Ort noch der künstlerische Umkreis von Zuccallis Ausbildung sind bekannt; auch über sein Leben und seine Tätigkeit vor 1672 gibt es keine konkreten Nachrichten. Sogar sein genaues Geburtsdatum ist nicht überliefert. Da sich Zuccalli selbst kurz vor seinem Tod 1724 als über achtzigjährig bezeichnete, muß er um das Jahr 1642 geboren sein.

Die Familie Zuccalli stammte aus Roveredo, einem Ort im heutigen Schweizer Kanton Graubünden, unweit der Grenze zum Tessin gelegen. Hier weitet sich das vom St. Bernhard herabführende Misoxtal (ital. Valle Mesolcina) und mündet schließlich in die Ebene von Bellinzona. Bis zum 15. Jahrhundert orientierte sich das Gebiet um Roveredo den geographischen Verhältnissen entsprechend an der politischen Entwicklung Oberitaliens. Seit 1496 aber bildete das gesamte Misoxtal mit seiner italienisch sprechenden Bevölkerung den sog. ‚Grauen Bund', der sich um 1536 mit anderen rätischen Alpentälern zum ‚Freistaat der Drei Bünde' zusammenschloß und der Eidgenossenschaft angegliedert wurde. Die historisch-politische Situation und die geographischen Gegebenheiten beeinträchtigten die wirtschaftliche Entwicklung in der Region Roveredo. Der wichtigste Wirtschaftszweig, die Landwirtschaft, bot den Familien in diesem dichtbesiedelten Gebiet nur eine ungenügende Lebensgrundlage. Mangels anderer Arbeitsmöglichkeiten erlangte das Bauhandwerk eine

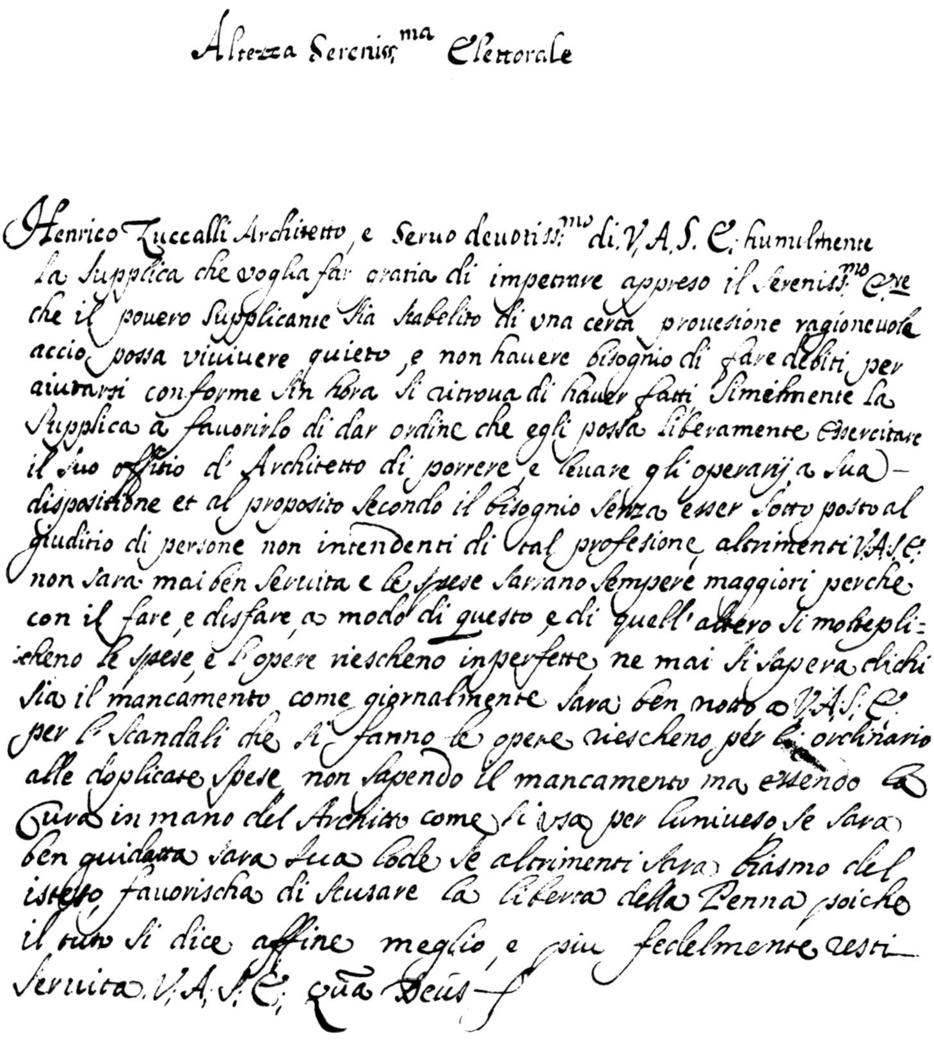

Altezza Serenis.ma Elettorale

Henrico Zuccalli Architetto, e Servo devotiss.mo di V.A.S.E. humilmente
fa Supplica che voglia far gratia di impetrare appreso il Serenis.mo Zie
che il povero Supplicante sia stabelito di una certa provisione ragionevole
accio possa vivvere quieto, e non havere bisognio di fare debiti per
aiutarsi conforme sin hora si ritrova di haver fatti Simelmente fa
Supplica à favorirlo di dar ordine che egli possa liberamente esercitare
il suo offitio d'Architetto di porrere, e levare gl'operanj a sua —
dispositione et al proposito secondo il bisognio senza esser sotto posto al
giuditio di persone non intendenti di tal professione altrimenti V.A.S.E.
non sara mai ben servita e le spese saranno sempere maggiori perche
con il fare, e disfare, a modo di questo e di quell'altero si motepli-
icheno le spese, e l'opere nescheno inperfette, ne mai si sapera di chi
sia il mancamento come giornalmente sara ben noto a V.A.S.E.
per li scandali che si fanno le opere nescheno per l'ordinario
alle doplicate spese non sapendo il mancamento ma essendo la
cura in mano del Architetto come si usa per luniverso se sara
ben guidata sara sua lode se altrimenti sara biasmo del
istesso favorischa di scusare la libertà della Penna poiche
il vero si dice affine meglio, e piu fedelmente resti
servita. V.A.S.E. quem Deus —

Bewerbungsschreiben Zuccallis um die Stelle als Münchner Hofbaumeister 1672, (BayHStA,
HR I fasc. 96/26, fol. 309 r.)

9

DIE FAMILIE ZUCCALLI

GIOVANNI
Stukkator, gest. 1678

HENRICO
um 1642–1724
Architekt
Hofbaumeister in München
∞
Maria Margareta
Magdalena
geb. Carduffin
gest. 1732

GIOVANNI PIETRO?
erwähnt um 1692
Stukkator

FERDINAND MARIA?
gest. 1720
Theatinerpater

MARIA DOMENICA
gest. 1707
∞
GASPARE (CASPAR) ZUCCALLI
1629–1678
Hofmaurermeister in München

AGNES CATARINA ∞ Giovanni Andrea Trubillio
gest. 1721
Maler und Baumeister

8 Kinder

Johann Anton Trubillio
geb. 1690
Geistlicher u. Baumeister
bei den Servitinnen

JOSEPH CLEMENS
ULRICH 1690–1732
Hofrat 1715

MARIA ANNA
1691–1771

JOHANNA ANNA
MARIA geb. 1693
∞
Joh. Asc. von Triva
Hofrat

JOH. ANTON
FERDINAND ULRICH
1696–1749
Hofrat 1723

JOH. FRANZ KAJETAN
gest. 1742
Offizier

GIOVANNI DOMENICO CHRISTOPHORUS ZUCCALLI (Vetter von Caspar
Zuccalli) 1656–1702
Maurermeister

GIOVANNI GASPARE
Johann Kaspar von Zuccalli
gest. 1717
Baumeister zu Salzburg

dominierende Rolle: Das Beispiel der ‚magistri lombardi' und ‚magistri comacini' – Maurer, Bildhauer und Stukkatoren aus der Region des Luganer- und Comersees –, die seit dem Mittelalter in Familienverbänden über Generationen hinweg Bau- und Ausstattungsaufgaben auch außerhalb ihrer engeren Heimat übernommen hatten, wirkte auf die nördlich angrenzenden rätischen Alpentäler.

Am Ende des 16. Jahrhunderts ist für Roveredo eine steigende Zahl von ‚muratori', Bauhandwerkern und Baumeistern, belegt. Eine eigene Korporation, zugleich religiöse Bruderschaft, regelte die praktische Ausbildung über die Bautradition innerhalb der einzelnen Familien hinaus und verlieh den Titel eines ‚magistro'. Unter den vielen ‚magistri' erlangten im Laufe des 17. Jahrhunderts einzelne Baumeisterpersönlichkeiten durch die Originalität und Qualität ihrer Arbeit eine besondere Stellung. Dazu gehörten verschiedene Mitglieder der Familien Barbiero, Albertal, Comacio, Simonetti, Camesini, Sciasca, Riva, Viscardi, Angelini, Gabrieli und Zuccalli; ihr Wirkungsbereich lag außerhalb des Misoxtales, vorwiegend im Norden; sie sind von Oberschwaben über Bayern bis Wien, Prag und Brandenburg nachweisbar. Im Gegensatz zu den reinen Bauhandwerkern, die sich nur während der Sommermonate als Saisonarbeiter im Ausland aufhielten, aber den Winter über in ihre Heimatorte zurückkehrten, strebten die Graubündner Baumeister nach einer festen Anstellung an den europäischen Fürstenhöfen. Dennoch blieben die Bindungen an die Heimat auch in diesen Fällen oft erhalten. Man kehrte immer wieder zurück, um Erfahrungen auszutauschen und an die folgenden Generationen weiterzugeben.

Nördlich der Alpen setzte nach dem Westfälischen Frieden 1648, der die Verwüstungen des Dreißigjährigen Krieges beendete, ein unerwartet rascher wirtschaftlicher Aufschwung ein. Nicht nur bei den großen reichsunmittelbaren Stiften und den landständischen Klöstern, sondern auch an den Höfen wuchs das Bauvolumen. Im Zusammenhang mit der Entwicklung der absolutistischen Staatsform suchten Fürsten und Adel – orientiert am französischen Vorbild – Macht und gesellschaftliche Stellung durch den Bau von Residenzen, Landschlössern und Stadtpalais zu demonstrieren. In den Gebieten des Reiches fehlte es an versierten Architekten und künstlerisch wie auch technisch gut ausgebildeten Bauhandwerkern, was den nach Norden gezogenen Graubündner ‚muratori' zugute kam; zudem wurden sie oft den heimischen Bauhandwerkern vorgezogen, weil sie ohne zünftische Bindungen in eingespielter Werkgemeinschaft schneller und unkomplizierter arbeiteten als die ansässigen Handwerker. Geprägt von italienischen Bautraditionen erwiesen sie sich als äußerst anpassungsfähig an die ortsspezifischen Baugewohnheiten.

Mitglieder der Familie Zuccalli sind erst in der zweiten Hälfte des 17. Jahrhunderts in Süddeutschland nachweisbar. 1661 ist Giovanni Zuccalli, der Vater Henricos, als Stukkator in Kempten bezeugt. Gaspare Zuccalli (1629–1678), der Henricos Schwester Maria Domenica geheiratet hatte, war zusammen mit seinem Vetter Giovanni Domenico Christophorus Zuccalli seit den sechziger Jahren des 17. Jahrhunderts zwischen Oberbayern und dem Innviertel tätig.[2] Als sich Gaspare 1668 in München um die Hofmaurermeisterstelle bewarb, führte er an, „Clöster, Schlösser, absonderlichen aber Gotts, Spittal, Preuheuser, Kheller und dergleichen" völlig neu erbaut oder repariert zu haben. Die Stelle als Hofmaurermeister bedeutete eine feste und gesicherte Existenz, die es dem Graubündner erlaubte, mit seiner Familie nach München zu übersiedeln. In seinem Reisebrief von 1669 ist neben der Frau und den Kindern Gaspare Zuccallis auch „un altro giovine" – „ein anderer junger Mann" – erwähnt. War damit der damals schon siebenundzwanzigjährige Henrico Zuccalli gemeint, der sich drei Jahre später um die Stelle des Hofbaumeisters in München bewerben sollte? Oder verbarg sich hinter dem von Gaspare in seinem Bewerbungsschreiben 1668 ausdrücklich erwähnten Blutsverwandten, der in Frankreich beim Bau der Residenz des Königs als einer der Hauptbaumeister tätig sei, Henrico Zuccalli? Es ist jedenfalls anzunehmen, daß Henrico, als er 1673 mit etwa dreißig Jahren zum Hofbaumeister ernannt wurde, neben einer gründlichen Ausbildung bereits eine mehrjährige Bauerfahrung und möglicherweise längere Aufenthalte in Italien und (oder) Frankreich vorweisen konnte.

Grundsätzlich darf eine Schulung innerhalb der Graubündner Bautradition vorausgesetzt werden. Wie die von der Korporation in Roveredo kontrollierte, zumindest dreijährige Lehre ausgesehen hat, ist aber im Unterschied zu den sog. Vorarlberger Baumeistern aus dem Bregenzer Wald[3], die in vergleichbaren Familien- und Baugemeinschaften vorwiegend in Klöstern Oberschwabens tätig waren, nicht bekannt. Bei letzteren gab es eine streng geregelte praktische und theoretische Ausbildung, die in den Lehrgängen der ,Auer Zunft' überliefert ist. Ähnlich wird auch die Schulung in Roveredo gewesen sein. Hinzu kamen hier sicherlich spezifische Kenntnisse und ein besonderer Einfluß der oberitalienischen Architektur. Besonders die seit dem 16. Jahrhundert im nördlichen Italien verbreiteten Architekturtraktate von Sebastiano Serlio, Andrea Palladio und Vincenzo Scamozzi[4] dürften in Roveredo benutzt und diskutiert worden sein. Diese gut gegliederten, alle Bereiche möglicher Bauaufgaben umfassenden Werke wurden zunehmend unabhängig von ihren ursprünglichen Intentionen allgemein als architektonische Bilder- und Vorlagenwerke, als Typenmusterbücher benützt. Neben Grundkenntnissen in der Geometrie vermittelten sie den notwendigen Formenschatz, insbesondere Wesen und Anwendung der fünf Säulenordnungen. Ein Standardwerk dieser Richtung war Vignolas ,Regola delli Cinque Ordini d'Architettura'; dieses erstmals 1562 erschienene Traktat konnte auch in Roveredo nachgewiesen werden.

Der Schwerpunkt der Ausbildung bei den Graubündnern und damit auch bei Henrico Zuccalli lag aber sicherlich auf der Vermittlung praktischer Fähigkeiten. Kenntnisse im Zeichnen von Plänen und in der Berechnung von Baukosten und Materialbedarf gehörten zum Grundwissen jedes Maurermeisters, der außerhalb der Talschaft ein Auskommen finden wollte. Entsprechend läßt sich eine stark handwerklich-praktische Bauauffassung als Konstante im Architekturschaffen der Graubündner Baumeister identifizieren. Henrico Zuccalli, der als einer ihrer herausragendsten Vertreter zu gelten hat, muß über die allen gemeinsame Ausbildung hinaus zusätzliche künstlerische Erfahrungen gesammelt haben. Aus seinem Werk läßt sich eine sehr genaue Kenntnis von Bauten Gianlorenzo Berninis (1598–1680), des Hauptmeisters des römischen Barocks, erschließen; ob er diese aus eigener Anschauung kannte oder nur durch Stiche vermittelt erhielt, konnte bisher nicht nachgewiesen werden.

In München trat Henrico Zuccalli jedenfalls ganz als italienischer Architekt auf. Gaspare Zuccalli hatte in seinem Anstellungsgesuch als Hofmaurermeister noch betont, die deutsche Sprache soweit zu beherrschen, daß man ihn für einen Einheimischen halten könnte; so schreibt er seinen Namen auch nur noch Caspar (!) Zuccalli. Obgleich 1670 ein kurfürstlicher Erlaß erging, bayerische Künstler den ausländischen vorzuziehen, hatte die Kurfürstin Henriette Adelaide gerade für bedeutendere Bauaufgaben – die Theatinerkirche in

Blutenburg, Ansicht von Michael Wening um 1700 (Ausschnitt)

München und Schloß Nymphenburg – eigens den Architekten Agostino Barelli (1627–1687) aus Bologna kommen lassen. Die einheimischen Baumeister erschienen ihr zu unerfahren – „più idioti". Henrico Zuccalli, der Zeit seines Lebens Briefe, aber auch Bauangelegenheiten betreffende Notizen italienisch niederschrieb und von Anfang an mit dem Anspruch eines erfahrenen Architekten aufzutreten schien, mußte so für den Hof von vornherein als geeigneter Baumeister erscheinen.

Hofbaumeister unter Kurfürst Ferdinand Maria

Hauptaufgabe nach 1673 und erstes selbständiges Werk Zuccallis war die Überbauung der Wallfahrtskapelle von Altötting. Planung und Baudurchführung nahmen Zuccalli sieben Jahre in Anspruch. Seine dabei erworbenen Verdienste veranlaßten Ferdinand Maria, ihn 1677 zum Oberhofbaumeister zu ernennen.

In München selbst konnte er sich dagegen nur langsam durchsetzen. Erst nach dem Weggang Barellis 1674 gelang es ihm, zum Teil über eigene Entwürfe Einfluß auf die Vollen-

13

dung von Schloß Nymphenburg und die Theatinerkirche zu nehmen. Dies verdankte er wohl vor allem seinem Förderer, dem Reichsfreiherrn Anton von Berchem, der als Hofkammerrat und Geheimer Rat eine mächtige Position am Hof behauptete. Berchem wurde nach dem Tod der Kurfürstin Henriette Adelaide 1676 zu deren Testamentsvollstrecker ernannt. Er übernahm damals die Administration des Nymphenburger Bauwesens ebenso wie die Oberleitung beim Bau der Theatinerkirche.

Derselbe Berchem besaß an der Ecke Theatiner-/Salvatorstraße ein Haus, das unmittelbar an den 1675 begonnenen Klosterbau der Theatiner grenzte; er ließ es nach 1676 zu einem Stadtpalais ausbauen, dessen Fassade an die des Theatinerklosters angeglichen wurde. Als leitender Architekt darf Zuccalli gelten, der damit neben seinen Hofbauverpflichtungen den ersten Privatbau konzipierte. In diesem Zusammenhang erscheint es naheliegend, daß Berchem Zuccalli auch mit der Wiederherstellung des baufälligen Schlosses Blutenburg vor München, das er zusammen mit der Hofmark Menzing erworben hatte, betraute; erreicht wurde eine klare Gruppierung und Freistellung der einzelnen Bauten; die Fassade des inneren Schlosses und die Wirtschaftsgebäude wurden durch geohrte Fensterrahmungen und eine aufgemalte Gliederung mit Lisenen, Gesimsen und Eckquaderungen einheitlich gefaßt. Die einfache und klare Konzeption der Fassadengliederung entspricht der typischen Graubündner Art. Namentlich konnte im Zusammenhang mit Blutenburg neuerdings[5] nur ein Landsmann Zuccallis, Giovanni Antonio Viscardi (1645–1713), nachgewiesen werden. Er war seit 1678 Hofmaurermeister in München und hatte vorher in Altötting als Bauführer Zuccallis gearbeitet.

Durch den Tod der Kurfürstin Henriette Adelaide wurde Zuccalli mit einem für ihn neuen Auftrag, der in sein Aufgabengebiet als Hofbaumeister fiel, konfrontiert. Er sollte den Katafalkaufbau, den man während der mehrtägigen Exequien für die Kurfürstin in der Vierung der noch unvollendeten Theatinerkirche aufrichtete, entwerfen. Hinsichtlich des architektonischen Aufbaues dieses ,Castrum Doloris‘, das den Sakrophag während der Trauerfeierlichkeiten bergen sollte und aus Holz, Leinwand, Stuck und Stoffdraperien zusammengesetzt war, hielt sich Zuccalli eng an aktuelle Vorbilder aus dem habsburgischen Raum, die durch Kupferstiche in Gedenkschriften festgehalten waren.[6]

In dieser Zeit erhielt Zuccalli als Hofbaumeister 500 Gulden im Jahr und täglich 1 $\frac{1}{2}$ Maß Wein, Bier und Brot im Gegenwert von jährlich 145 Gulden. Außerdem wurden ihm 8 Klafter Buchen- und Fichtenholz als Heizkostenerstattung zugewiesen. Als Oberhofbaumeister empfing er seit 1677 jährlich 1.000 Gulden, außerdem wurden ihm ab 1678 jährlich 40 Gulden Hauszins erstattet, weil er in seinem Wohnhaus Zeichnungen fertigte und ein Zimmer als Werkstatt zum Bau von Modellen nutzte. Für die durch seine Stellung bedingten Fahrten zu den verschiedenen, außerhalb Münchens gelegenen Baustellen, die vom Hofbauamt geleitet wurden, erhielt er eine zusätzliche Sondervergütung, ein sog. ,Cost- und Reisegeld‘. Seit 1672 wurde Zuccalli auch der Sold für einen Gehilfen angewiesen, der ihn als Dolmetscher zu begleiten hatte. Ihm vermittelte Zuccalli Grundkenntnisse im Zeichnen und bildete ihn soweit aus, daß er in seinem Auftrag Arbeiten auf verschiedenen Baustellen überwachen konnte.

Trauergerüst für Kurfürstin Henriette Adelaide in der Theatinerkirche in München, Kupferstich von Jeremias Renner nach Zuccalli 1676

In den neunziger Jahren bezog Zuccalli schließlich 1.600 Gulden Grundgehalt, daneben erhielt er verschiedenste Sondervergütungen, allein 500 Gulden Reisedeputat. An diesem Gehalt lassen sich die soziale Stellung und der Rang bei Hofe sowie unter den anderen Hofkünstlern ablesen. Laut der ‚Taglohns-Ordnung‘ der Stadt München für 1729 verdiente ein im Taglohn arbeitender Maurer jährlich um die 110 Gulden. Caspar Zuccalli erhielt 200 Gulden. Zur gehobenen Schicht konnte sich ein Hofkünstler zählen, der wie ein Kammerdiener 400 Gulden oder wie ein kurfürstlicher Kämmerer 600 Gulden im Jahr bezog. Die ranghöchste Hofbeamtenstelle, die des Obristhofmeisters, war mit 8.000 Gulden dotiert. Bemerkenswert ist in diesem Zusammenhang, daß in den achtziger Jahren des 17. Jahrhunderts allein zehn Hofmaler besoldet wurden, wovon drei jeweils 500 Gulden mehr als Zuccalli erhielten.[7] Dies zeigt, daß noch um diese Zeit der Malerei ein höherer künstlerischer Stellenwert eingeräumt wurde als der Architektur, dem Bauhandwerk.

Im ersten Jahrzehnt seiner Tätigkeit in München war es Zuccalli gelungen, ein gewisses Ansehen zu erringen, das es ihm ermöglichte, seine persönlichen Verhältnisse zu konsolidieren. Im Winter 1681/82 kehrte er ein letztes Mal nach Roveredo zurück. Damals heiratete er Maria Magdalena Margareta Carduffin. Das älteste von sechs Kindern aus dieser Ehe, Joseph Clemens Ulrich, wurde 1690 geboren. Pate war der jüngere Bruder des bayerischen Kurfürsten Max Emanuel, Joseph Clemens, Fürstbischof von Köln. Noch vor seiner Heirat hatte Zuccalli im November 1681 in München in der Burgstraße für 5.000 Gulden ein Eckhaus erworben. Dieses Gebäude blieb bis 1736 im Besitz der Familie.[8]

Erster Baumeister des Kurfürsten Max Emanuel

Nach dem Tode des Kurfürsten Ferdinand Maria 1679 übernahm sein Sohn Maximilian II. Emanuel (1680–1726), gerade achtzehn Jahre alt, die Regierung. Der inzwischen achtunddreißigjährige Zuccalli war zunächst bemüht, in einer Reihe von Gesuchen seine bisherige Stellung als Hofbaumeister in vollem Umfang vom neuen Herrscher bestätigt zu erhalten.

In der Folgezeit wurde die gesellschaftliche Entwicklung im Bayern Max Emanuels zur bestimmenden Größe für den weiteren Werdegang Zuccallis. Die Rolle des Auftraggebers erhielt mit dem absolutistischen Herrscher Max Emanuel eine neue Dimension; erst jetzt wurde Architektur in einem ganz neuen Umfang, Maßstab und Anspruch gefordert. Ohne konkreten Auftrag bleibt Architektur Idee und Entwurf, erst die Auseinandersetzung mit dem konkreten Projekt, seiner Funktion und den Wünschen des Bauherrn schafft das exemplarische Werk. Architektur ist hier nicht ästhetisches oder stilgeschichtliches Objekt, sondern in besonderem Maße historisches Dokument, in unserem Falle des Selbstverständnisses Max Emanuels in der ‚Interpretation‘ Zuccallis.

Die frühen Regierungsjahre Max Emanuels waren geprägt durch die Türkenkriege, die alle wirtschaftlichen Kräfte des Landes banden. Nach dem Entsatz von Wien 1683 begründete Max Emanuel mit der Eroberung Belgrads 1688 seinen Ruhm als Türkensieger. Durch seine Heirat 1685 mit der Kaisertochter, der Habsburgerin Maria Antonia und nominellen Erbin Spaniens, eröffneten sich trotz komplizierter Rechtslage für den 1692 geborenen Kurprinzen Joseph Ferdinand vorübergehend vage Aussichten auf den spanischen Thron. Das

Bündnis mit Habsburg verschaffte Max Emanuel die Statthalterschaft in den spanischen Niederlanden, die er 1692–1701 von Brüssel aus wahrnahm. Das politische Handeln des Kurfürsten war vom Streben nach persönlichem Ruhm und vom Ehrgeiz, absolutistische Machtpolitik zu betreiben, bestimmt. Durch sein Lavieren zwischen den beiden europäischen Großmächten Habsburg und Frankreich suchte er eine Bedeutungssteigerung des eigenen Hauses, einen Königstitel zu erlangen. Sein Vorbild war Ludwig XIV. und dessen glanzvoller Hof in Versailles. Dementsprechend wurde die Residenzanlage Schleißheim nördlich von München geplant; sie sollte Zuccalli ab 1684 in immer weiter gefaßten Projekten bis an sein Lebensende beschäftigen. Unter Max Emanuel bekam die Profanarchitektur als Herrschaftsarchitektur entscheidendes Übergewicht über Sakralbauprojekte.

Zur Durchführung seiner umfangreichen Bauvorhaben richtete der Kurfürst 1688 nach französischem Vorbild eine eigene Behörde für das Bauwesen ein. Dazu löste er das mit dem gesamten Hofbauwesen betraute Hofbauamt auf und richtete im Zuge einer allgemeinen Behördenreorganisation das sog. ,Generalbaudirektorium' als unabhängiges Gremium ein. Ziel waren eine straffere Koordination und die Zentralisierung des Bauwesens. Um die Finanzierung der verschiedenen Projekte zu sichern, wurde die neue Behörde nicht mehr der Hofkammer – der zentralen Finanz- und Wirtschaftsbehörde – unterstellt, sondern erhielt eigene Einkünfte[9] zugewiesen. An die Spitze dieser Behörde wurde ein altgedienter hoher Verwaltungsbeamter, der Obristhofmeister der Kurfürstin, Ferdinand Franz Albrecht von der Wahl, gesetzt. Zusammen mit vier beigeordneten Räten disponierte er über Künstler und Handwerker. Vom Generalbaudirektorium wurden alle im Hofbauwesen Beschäftigten besoldet, vom Oberhofbaumeister Zuccalli über die Maler und Bildhauer bis zum Triftmeister, Gärtner und Taglöhner. Innerhalb dieses Behördenapparates war Zuccalli ein nachgeordneter höherer Verwaltungsbeamter. Zuccalli führte in dieser Zeit einen ständigen Kampf gegen den langsam arbeitenden Verwaltungsapparat und den fachlich zu wenig gebildeten Direktor.

Als das Generalbaudirektorium 1695 infolge der steigenden Staatsausgaben und der nach Brüssel abfließenden Gelder für die dortige Hofhaltung Max Emanuels wieder aufgelöst werden mußte und das Bauamt wieder der Hofkammer unterstellt wurde, forderte Zuccalli größere Vollmachten. Max Emanuel, der die Fähigkeiten seines Hofarchitekten schätzte, hatte ihm schon 1689 „in ansehung seines bishero bezaigten fleißes und zu g[nä]d[ig]sten contento gelaisten diensten" den Ratstitel verliehen; noch vor 1695 ernannte er ihn zum Truchseß. Am absolutistischen Hof konnte also der Künstler, insbesondere auch der Architekt, der den baulichen Rahmen für die höfische Prachtentfaltung und Machtprätention schuf, bis zu einem gewissen Grad eine Stellung erlangen, die an und für sich dem Adel vorbehalten war. Zuccalli wußte durchaus um diese Position; seinen Forderungen hinsichtlich größerer Machtbefugnisse bei der Neuorganisation des Hofbauwesens fügte er die Bemerkung hinzu, daß seine notwendigen und guten Dienste ja nur zum Vorteil des Kurfürsten gereichten. Max Emanuel ernannte ihn 1695 zum Oberarchitekten mit der „direction aller churfürstl[ichen] gebäu sovoll zu Schleißheimb als sonsten im Landt, worunter ebenfalls die Wassergebäuen zu verstehen und einfolglich die disposition über die Künstler, Handwerksleuth und Arbeiter"[10]. Daraufhin unterzeichnete Zuccalli verschiedene Schriftstücke als „Ingiero et supremo Architetto". An der Spitze der neuen Behörde verblieb jedoch weiterhin ein ranghoher Verwaltungsbeamter.

Neben seiner Arbeit an Entwürfen und Plänen wurde Zuccalli in dieser Zeit mit den verschiedensten hofbauamtlichen Pflichten und administrativen Aufgaben betraut. Eine wichtige Rolle spielte die Erstellung von Kostenvoranschlägen, um den jeweiligen Finanzbedarf kalkulieren zu können. Diese betrafen nicht nur die von Zuccalli geplanten Objekte, sondern alle in die Zuständigkeit des Hofbauwesens fallenden Unternehmungen: die Unterhaltung aller zum Hof gehörenden Bauten einschließlich der Gärten und Brunnen, aber auch die Stadtbefestigungen, Brücken und schließlich die Isarregulierung. Tageweise war Zuccalli im Auftrag des Hofbauamtes auf Inspektionsreisen durch das Land unterwegs. Seine Stellung brachte es mit sich, daß er nicht für die technische und organisatorische Bauabwicklung im einzelnen verantwortlich war, weil „Er Von Zuccallj khein Maurmaister, sondern die Profession eines oberen Architecten fiheret, welchem vornemblich die Inspection gebühre, ob ein: unnd anderes dem deseigne nach recht exequirt werde"[11]. Die tägliche Bauüberwachung besorgte ein eigener Maurerpallier, die Auszahlung der Taglöhner, Handwerker und Künstler lag in den Händen eines Bauschreibers. Verträge mit den am Bau Beschäftigten zeichnete dagegen Zuccalli selbst gegen.

Dieser Zeitraum stellt den Höhepunkt im Schaffen Zuccallis dar. Neben seinen Tätigkeiten als Hofbaumeister baute er für den Adel in München und Graf Kaunitz in Wien. Für sie war es eine Prestigefrage, den ersten Architekten des bayerischen Kurfürsten für die Errichtung ihrer Stadtpalais heranzuziehen.

Zu all diesen Aufgaben kamen noch vier längere Aufenthalte an der Residenz Max Emanuels in Brüssel zwischen 1693 und 1699, die Zuccalli teilweise über ein Jahr von München fernhielten. Dort leitete er die Umbauarbeiten der Wohnräume in der Statthalterresidenz und plante für Max Emanuel unter anderem das Jagdschloß Bouchefort. Die Entwürfe, die dem Kurfürsten nach seinen eigenen Worten gut gefallen haben, sind bislang nicht aufgefunden worden; das Projekt Zuccallis wurde nicht verwirklicht.[12] Aus einer Reisespezifikation geht hervor, daß Zuccalli in den Niederlanden nicht nur mit verschiedenen Bauvorhaben beschäftigt war und Max Emanuel sogar im Feldlager vor Namur jeweils die neuesten Entwürfe für die Münchner Unternehmungen vorlegte, sondern auch, daß er auf Veranlassung des Kurfürsten über Land reiste, um die dortigen Sehenswürdigkeiten – die „cose rarre" – zu besichtigen. Auf diese Weise kam er 1693 nach Holland, wo ihm die „vornemmen Gepey und anders vorgewisen" wurden. Sicher besuchte er Het Loo in Apeldoorn (Geldern), das nach 1685 durch Daniel Marot (1660–1752)[13] ausgestaltete Schloß Wilhelms III. von Oranien, des damals wichtigsten Verbündeten Max Emanuels. Während dieser Reisen sammelte er Erfahrungen auf dem Gebiet des Wasser- und Kanalbaues, mit dem er ja seit 1695 in Bayern betraut war. Spätestens damals kam Zuccalli, unabhängig davon, ob er Daniel Marot nun persönlich begegnete oder nicht, mit den zeitgenössischen französischen Kunstströmungen in Berührung. Ob er sich schon von Juli 1684 bis März 1685 in Paris aufgehalten hatte, wie eine beiläufige Notiz eines Bauschreibers[14] nahezulegen scheint, ist fraglich, denn zur gleichen Zeit wurde er in München für verschiedene Tätigkeiten bezahlt.

Anläßlich seiner Aufenthalte in Brüssel war Zuccalli auch für den Bruder Max Emanuels, den Kölner Fürstbischof Joseph Clemens (1671–1723), tätig. 1697 wurde nach Zuccallis Entwürfen das Schloß in Bonn teilweise neu erbaut. Um diese Zeit reiste er auch nach Lüttich, um im dortigen Bischofspalast Umbaumaßnahmen im Auftrag von Joseph Clemens vorzunehmen. Daß solche Fahrten wegen der kriegerischen Auseinandersetzungen in diesem Gebiet nicht ungefährlich waren, zeigt ein Bericht aus dem Jahr 1696: Auf der Reise von Brüssel nach Lüttich wurde Zuccalli bei Citron von Franzosen überfallen und ausgeplündert, „die Ihme dann alles das seinige waß er an Gelt, Klaidung und zu dessen khunst vonnetten auch bey sich gehabt, abgenommen".

Der Zuccallikreis in München

Je vielfältiger die Aufgaben Zuccallis wurden, desto notwendiger war es für ihn, Mitarbeiter zu finden, die sein Vertrauen genossen und denen er einen Teil der Arbeit übertragen konnte. Anfangs griff er dabei auf Familienmitglieder zurück. In Altötting waren Caspar Zuccalli und dessen Vetter als Palliere für ihn tätig. Auch seinen Vater Giovanni, den Stukkator, konnte er zunächst als Bauführer durchsetzen; dieser war den Anforderungen aber nicht gewachsen und wurde bald entlassen. Schon damals klagten die Verantwortlichen in Altötting über ungenügenden Einblick in die Bauorganisation, weil nur Welsche am Werke seien. Die Familienclique brach denn auch bald auseinander; Henrico beschuldigte Domenico Christophorus Zuccalli, nicht nach seinen Plänen gearbeitet und Geld unterschlagen zu haben, und ließ ihn sogar einsperren.

In der Folgezeit entwickelte sich um Zuccalli ein vielfach verbundener Kreis von Graubündnern, italienischen Künstlern und Handwerkern. Henrico scheint den Sohn des Domenico Christophorus, Giovanni Gaspare, besonders gefördert zu haben. Dieser wurde nach seiner Ausbildung und zeitweiser Zusammenarbeit mit Henrico 1685 auf Empfehlung des Münchner Theatinerpropstes Marimont von Erzbischof Max Gandolph Graf Kuenburg nach Salzburg berufen, um dort die St. Erhardkirche im Nonntal und die Kajetanerkirche zu errichten.[15] Beide Bauwerke zeichnen ihn neben Henrico als fähigsten Baumeister der Familie Zuccalli aus. Nach 1693 konnte er sich allerdings in Salzburg nicht mehr gegen den zeitgemäßeren und äußerst originellen Architekten Johann Bernhard Fischer von Erlach (1656–1723) behaupten. Bei Traunstein erwarb er den Landsitz Adelholzen. Als Johann Kaspar von Zuccalli starb er dort 1717.

Auch in München sind weitere Familienmitglieder nachweisbar. 1692 wird ein Stukkator Giovanni Pietro Zuccalli – wahrscheinlich ein Bruder Henricos – bei der Ausstattung der Theatinerkirche erwähnt. Ein anderer Bruder, Ferdinand Maria, gestorben 1720, war Theatinerpater, später auch Propst in Salzburg.

Zum engsten Vertrauten- und Familienkreis gehörte auch der Maler und Architekt Giovanni Andrea Trubillio (gest. 1721), der 1689 eine Nichte Zuccallis heiratete. Trubillio arbeitete schon seit 1674 eng mit Henrico Zuccalli zusammen. Zeichnungen nach Henricos Entwürfen für die Theatinerkirche von seiner Hand sind erhalten. 1695 gelang es Zuccalli, ihm die Stellung eines Unterhofbaumeisters zu verschaffen. Wie eng die Bindungen innerhalb des Zuccallikreises waren, zeigen auch persönliche Daten. So ist 1696 Trubillio Taufpate bei einem Sohn Zuccallis; als Trauzeugen bei der Hochzeit Trubillios fungierten der aus Venedig gekommene Freskant Francesco Rosa (gest. 1723) und der einer alteingesessenen Roveredaner Familie angehörende Antonio Riva (gest. 1713). Letzterer führte sowohl in München als auch in Wien und zuletzt in Bonn Planungen von Zuccalli aus. Riva hatte

19

zusammen mit dem Graubündner Lorenzo Sciasca (gest. 1694) schon unter Caspar Zuccalli gearbeitet. Bei den einzelnen Bauvorhaben in München tauchen schließlich auch immer die gleichen Stukkatoren auf: Niccolò Perti vom Comersee und Mitglieder der Tessiner Familie Brenni. Die ‚Welschen‘ in München um Henrico Zuccalli bildeten solcherart eine eingespielte Werkgemeinschaft. Einer der wenigen Einheimischen, der im Kreise Zuccallis eine beachtliche Rolle spielte und über lange Jahre hinweg als dessen Pallier arbeitete, war Philipp Zwerger (gest. 1702). Er, der schon bei Caspar Zuccalli mehrere Jahre gelernt hatte, kann als der einzig bekannte Schüler Zuccallis angesehen werden, hatte ihn dieser doch auch im Zeichnen ausgebildet. Schließlich erwarb Zwerger das Meisterrecht in München und führte sämtliche Palaisbauten Zuccallis in der Residenzstadt aus.

Ausgeschlossen aus dem Graubündner Zirkel in München wurde nach anfänglich enger Zusammenarbeit mit Zuccalli der aus einem Ortsteil von Roveredo, S. Vittore, stammende Giovanni Antonio Viscardi (1645–1713). Hier waren persönliche Ursachen entscheidend, was ein bezeichnendes Licht auf den Charakter Zuccallis wirft. Ein kleiner Garten vor dem Schwabinger Tor auf der Bastion der Stadtbefestigung entwickelte sich um 1680 zum Streitpunkt. Das Gelände war Teil der Dotation des Hofmaurermeisters. Zuccalli hatte es von seinem Schwager übernommen und mit einigem finanziellen Aufwand ausgebaut und erweitert. Inzwischen erhob Viscardi, der Nachfolger Caspar Zuccallis in der Hofmaurerstelle geworden war, Anspruch auf einen Teil des Geländes. Zuccalli weigerte sich aber unter Berufung auf den Kurfürsten, unter Eingabe von Lageskizzen und in einer ganzen Reihe von Briefen, Viscardi den Zugang zu ermöglichen. Schließlich mußte er sich aber fügen. Dennoch ist anzunehmen, daß hinter der 1689 verfügten Entlassung Viscardis aus dem Hofbaudienst Zuccalli stand. Auffällig ist, daß der frühere Förderer Zuccallis, Freiherr von Berchem, seit 1684 Viscardi zunehmendes Wohlwollen entgegenbrachte. Nicht ausgeschlossen werden kann, daß Zuccalli in Viscardi einen möglichen Konkurrenten sah. Als Viscardi 1702 wieder als Hofbaumeister aufgenommen werden sollte, erklärte Zuccalli, neben ihm als Oberhofbaumeister und Trubillio bedürfte es keines weiteren Baumeisters; außerdem hielte er Viscardi für einen einfachen Maurermeister.

Die Zeit der österreichischen Administration Bayerns

Die Niederlage Max Emanuels bei Höchstädt 1704, der Sieg der alliierten kaiserlichen und englischen Truppen bedeuteten für den bayerischen Kurfürsten das Exil, das Ende seiner hochgesteckten Erwartungen und die weitgehende Einstellung der aufwendigen Baumaßnahmen. Für seinen Hofbaumeister war dies das vorläufige Ende seiner Karriere am Münchner Hof. Von der österreichischen Administration in Bayern wurde Zuccalli seiner Ämter enthoben, sein ärgster Rivale Viscardi am 21. Mai 1706 als Oberhofbaumeister an seiner Statt eingesetzt. Vorausgegangen war 1705 eine Auseinandersetzung Zuccallis mit dem wesentlich jüngeren, 1704 noch auf Veranlassung Max Emanuels eingesetzten Baukommissär von Sprangeren, der den inzwischen über sechzigjährigen Hofbaumeister im Hofbauamt entlasten sollte. Als dieser Zuccalli lediglich wie ein Mitglied des Bauamtes behandelte, Sitz und Rang dort vor dem Graubündner einnehmen wollte, beleidigte Zuccalli von Sprangeren in öffentlicher Sitzung, forderte ihn auf den Degen und verließ das Bauamt. Diesen Zwischenfall benutzten die Gegner Zuccallis, um ihre Vorwürfe gegen ihn zu wiederholen. Besonders warf man ihm vor, allzu eigenmächtig zu handeln und im Hofbauamt alles an sich ziehen zu wollen. Hatte ihm bisher Max Emanuel offensichtlich gewisse Privilegien zugestanden, so verlor Zuccalli mit dem Exil des Kurfürsten diesen Rückhalt. Nun beschwerte sich Viscardi offen bei der kaiserlichen Verwaltung, daß Zuccalli ohne Wissen des Baukommissars Baumaterialien aus dem Münchner Hofbaustadel abzöge und mit dem Wagen des Hofbauamtes privat nach Schleißheim fahre, um dort in den Kanälen zu fischen.

Die Zeit der kaiserlichen Verwaltung Bayerns, die erst 1714 mit dem Friedensschluß von Rastatt endete und Max Emanuel die Rückkehr nach Bayern ermöglichte, verbrachte Zuccalli fern von München im Benediktinerkloster Ettal. Dort scheint er sich völlig auf den Neubau des Klosters und der Kirche konzentriert zu haben; die Zufriedenheit seiner Auftraggeber äußerte sich 1716 in einem Beschluß des Kapitels, ihm einen Jahrtag zu stiften.

Rückkehr nach München – die letzten Jahre

Am 7. April 1715 kehrte Max Emanuel aus dem Exil nach München zurück. Der inzwischen über siebzigjährige Zuccalli war damit wieder in Amt und Würden eingesetzt. Dennoch sollte er nicht mehr dieselbe Stellung wie vordem einnehmen.

Schon 1714 hatte man sich seiner nicht mehr erinnert, als Baron von Neuhaus, der damalige Oberbaudirektor, Max Emanuel noch vor dessen Rückkehr ersuchte, einen ‚habilen‘ Baumeister mitzubringen, damit nach neunjähriger Unterbrechung an der Schleißheimer Schloßanlage weitergebaut werden könne. Zusammen mit dieser Bitte hatte man Pläne von Schleißheim und Nymphenburg in das französische St. Cloud gesandt, wo sich der bayerische Kurfürst aufhielt; dort beauftragte er den ersten Architekten des Königs von Frankreich, Robert de Cotte (1656–1735), diese Pläne zu überarbeiten. Zuccallis Entwürfe erschienen Max Emanuel inzwischen altmodisch – allzu italienisch. Schon in Brüssel hatte er nicht mehr Zuccalli, sondern Germain Boffrand (1667–1754) mit der Ausführung seines Jagdschlosses Bouchefort beauftragt. Während des Exils verstärkte sich die Hinwendung Max Emanuels zum französischen Geschmack; in St. Cloud umgab er sich schließlich mit einem Kreis französischer Künstler.

München wurde schließlich nach der Rückkehr Max Emanuels aus dem Exil zu einem Wegbereiter des französischen Stils im Reich.[16] Mit Aufgaben der Innenausstattung und Gartengestaltung wurden nun vorzüglich französische Künstler betraut. Joseph Effner (1687–1745), einen Dachauer Gärtnersohn, ließ Max Emanuel in Paris ausbilden; 1718 schickte er ihn zur Ergänzung seiner Studien auch noch nach Italien. Seit 1715 Hofbaumeister, wurde er Zuccalli in Schleißheim als Architekt nicht nur zur Seite gestellt, sondern mit der Zeit vorgezogen. Der um Jahre Jüngere erhielt die Disposition über sämtliche Hofkünstler und die neuen Bauaufträge für die kurfürstlichen Schlösser Dachau und Fürstenried sowie für die Nymphenburger Parkburgen.

Zuccalli mußte nun erfahren, daß er seine eigene Ära überlebt hatte. Einzige neue Aufgabe dieser Jahre war der Bau des Franziskanerklosters Mittenheim bei Schleißheim. Persönliche Resignation schlug sich in ausgesprochen eigenmächtigem Vorgehen innerhalb des

Hofbauamtes nieder. Diesbezügliche Klagen über den alten Zuccalli häuften sich. Ohne Gegenbelege bezahlte er Handwerker und bezog Baumaterial, was innerhalb des Hofbauamtes zu erheblicher Konfusion führte.

Max Emanuel, der Zuccalli sicher persönlich schätzte, blieb ihm trotz allem verbunden. In einem eigens in italienischer Sprache abgefaßten Brief vom 12. Mai 1723 versicherte er seinem Hofbaumeister, es sei niemals seine Absicht gewesen, ihn zurückzusetzen. Wegen seines hohen Alters habe er ihm nur ein zuviel an Mühen ersparen wollen.[17] Gleichzeitig wollte er ihm eine Besoldungsentschädigung für die Zeit der kaiserlichen Administration zukommen lassen. Zuccalli bat darum, stattdessen Bauerngüter bei seinem ‚Edelsitz' im Gericht Kehlheim übertragen zu bekommen. Dieser Besitz – um 1705 taucht der Hinweis auf ein ‚Gut Veldling' auf, an anderer Stelle wird ein Edelsitz Mayrhofen genannt – war mit der niederen Gerichtsbarkeit verbunden.

Auch die Versorgung seiner Kinder suchte Zuccalli in den letzten Jahren zu sichern. In Anbetracht seiner langen Dienste und seines hohen Alters ernannte Max Emanuel den ältesten Sohn Zuccallis, Joseph Clemens Ulrich, 1715 zum Hofkammerrat. Da er Kenntnisse in der Architektur besaß, wurde er der Hofbaukommission zugewiesen. 1723 wurde der mittlere Sohn, Johann Anton, zum Hofrat ernannt. Der jüngste Sohn, Johann Franz Ferdinand, diente bei der Infanterie; eine Tochter, Johanna Anna Maria, war mit dem Juristen und Hofrat von Triva vermählt. Die Kinder Zuccallis setzten die Graubündner Baumeistertradition nicht fort; diese Generation strebte eine gesicherte Stellung bei Hofe an. Zwei seiner Söhne hatte Zuccalli in Ingolstadt mit mäßigem Erfolg Rechtswissenschaften studieren lassen.

Am 8. März 1724 starb Henrico Zuccalli in München, über achtzig Jahre alt. Im folgenden Jahr wurde François Cuvilliés d. Ä. (1695–1768) zum Hofbaumeister ernannt.

Henrico Zuccalli war, soweit man das aus den wenigen persönlichen Nachrichten über ihn erschließen kann, ausgesprochen impulsiv, von aufbrausendem Temperament, gleichzeitig mißtrauisch und unnachgiebig. Er war ehrgeizig und ein unermüdlicher Verfechter seiner Ideen.

Das Werk

Projekte für eine Wallfahrtskirche und Platzanlage in Altötting

Die Planung für die Überbauung der Heiligen Kapelle in Altötting und die Neugestaltung der sie umgebenden Platzanlage war nicht nur der erste Auftrag, den Henrico Zuccalli selbständig ausführte, sondern auch – gleich zu Anfang – eines seiner bedeutendsten Werke. Leider wurde das Projekt nur in Ansätzen realisiert, so daß man sich gerade vom Kirchenneubau heute nur noch an Hand von Plänen ein unvollkommenes Bild machen kann. Vorgesehen war eine Kuppelrotunde mit Umgang und zwei Türmen, die als Zentralbau römischer Prägung in der Entwicklung des barocken Sakralbaues in Bayern wegweisend gewesen ist.

Altötting ist als Amtshof des bayerischen Herzogs Tassilo III. erstmals 748 urkundlich erwähnt. Aus dieser Zeit (8./9. Jahrhundert) stammt die bis heute erhaltene spätere Wallfahrtskirche, ein Zentralbau von 9 m Durchmesser. Ihr achteckiger Innenraum mit acht halbkreisförmigen Nischen ist im unteren Bereich außen rund ummantelt; das spitze Zeltdach wurde später hinzugefügt. Das spätgotische Langhaus mit Glockentürmchen und der

Altötting, Stich von Tobias Schinnagl um 1662

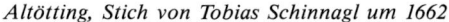

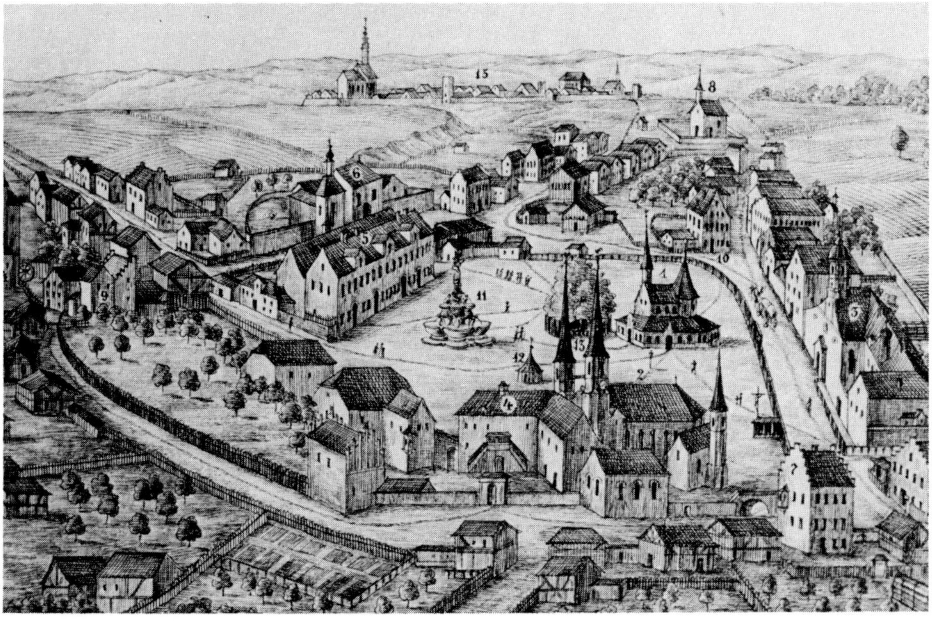

Umgang wurden nach 1500 angebaut, als nach ersten Wundern die Wallfahrt zum Gnadenbild der ‚Schwarzen Muttergottes‘ einsetzte. Während der Gegenreformation und des Dreißigjährigen Krieges entwickelte sich Altötting zur bedeutendsten Wallfahrtsstätte in Bayern; die Gottesmutter wurde zur Patrona Bavariae erhoben. Das bayerische Herrscherhaus war Altötting in besonderem Maße zugetan. Schenkungen und Stiftungen begleiteten die traditionellen Familienwallfahrten. Seit Kurfürst Maximilian I. wurden die Herzen der verstorbenen Wittelsbacher in der Gnadenkapelle beigesetzt.

Die kleine Kapellenanlage inmitten des weiten, unregelmäßig umbauten Platzes entsprach Ende des 17. Jahrhunderts nicht mehr der großen Bedeutung des Wallfahrtsortes. 1672 konnte der Altöttinger Stiftsdechant – er stand der Kapellenstiftungsadministration vor, die unter staatlicher Aufsicht die Einkünfte aus der Wallfahrt verwaltete – Kurfürst Ferdinand Maria für ein umfassendes Neubauprojekt gewinnen. Die damals schon über 800 Jahre alte Zentralkapelle, die das Gnadenbild barg und damit Anteil an der allgemeinen Verehrung hatte, sollte gleichsam als architektonische Reliquie bewahrt und in den Gesamtzusammenhang einer großen neuen Wallfahrtskirche einbezogen werden. Außerdem waren Neubauten für die wachsende Zahl von Stiftsgeistlichen notwendig geworden. Die Neukonzeption der Altöttinger Sakralbauanlage gehörte zu den herausragendsten Bauaufgaben, die in der Regierungszeit Ferdinand Marias im Kurfürstentum vergeben wurden.

1673 wurde Henrico Zuccalli, eben erst zum Hofbaumeister ernannt, mit der Planung dieses Großauftrages betraut. Möglicherweise spielten dabei auch Beziehungen von Domenico Christophorus Zuccalli eine Rolle, der 1664 im Kreuzgang der Altöttinger Stiftskirche die Sebastianskapelle, einen schlichten Ovalraum, angelegt hatte. Wahrscheinlich hatte sich Henrico aber selbst durch Vorlage von zwei Zeichnungen überkuppelter Zentralbauten für den Auftrag empfohlen. Die beiden Pläne[18] sind unsigniert, entsprechen im Zeichenstil aber gesicherten Blättern Zuccallis. Sie weisen ein auffallend kleines Format von nur ca. 30 x 30 cm auf. Objektbezogene Baupläne Zuccallis sind durchweg wesentlich größer angelegt. Auch der feine Strich und die sorgfältige Lavierung weisen besonders eines der beiden Blätter als exemplarische Studie aus. Beide Querschnitte stellen Innenräume dar, die nach dem gleichen Grundschema aufgebaut sind. Über einem mittels Säulen und Pilastern gegliederten und intervallmäßig in Arkaden und Durchgängen geöffneten Unterbau erhebt sich über einem kräftig profilierten Gebälk eine tambourlose Kuppel mit Laterne. Die Kuppelschale unterteilen jeweils Radialgurte zwischen einfacher Kassettierung. Beide Schnitte stimmen in den absoluten Maßen von Breite und Höhe überein, so als wäre ein vorgegebener Umriß jeweils durch eine andere Binnenstruktur modifiziert worden.

In den zwei Plänen paraphrasiert Zuccalli Kirchenbauten Gianlorenzo Berninis: Die stärker schematisch aufgefaßte Variante entspricht der Kirche S. Maria dell'Assunzione in Ariccia (1662–1664), die detaillierter ausgezeichnete S. Andrea al Quirinale in Rom (1658–1670). Die Zuccallizeichnungen können aber nun nicht als Berninikopien bezeichnet werden. Im Gegensatz zum entsprechenden Vorbild weist die stark reduzierte Variante nach der Kirche von Ariccia runde Altarnischen und eine Doppelpilastergliederung zwischen den Arkaden auf. Auch der an S. Andrea orientierte, genauer durchgezeichnete Schnitt weicht in entscheidenden Punkten vom Berninibau ab: Die figurale Ausgestaltung der unteren Kuppelzone um die Fenster orientiert sich zwar grundsätzlich am Dekorationsprinzip Berninis, hat aber in der vorliegenden Durchbildung weder die römische noch eine andere

Links: Studienblatt Zuccallis nach Gianlorenzo Berninis Kirche S. Maria dell'Assunzione in Ariccia, (BayHStA, PlS 8296). – Rechts: Studienblatt Zuccallis nach Berninis Kirche S. Andrea al Quirinale in Rom, (BayHStA, PlS 8297)

Kirche des italienischen Baumeisters zum direkten Vorbild. Auch die von einem Rundbogen überfangenen seitlichen Oratorien und die einfache, rautenförmige Kassettierung der Kuppelschale stimmen nicht mit dem Vorbild S. Andrea überein. Die Kuppel, in Rom von einem flachen Zeltdach überfangen, das von hochaufragenden Schneckenvoluten abgestützt wird, tritt bei Zuccalli voll in Erscheinung; die Voluten sind flach herabgedrückt. Gerade diese Abweichungen machen deutlich, daß Zuccalli bei der Variante nach S. Andrea ebenfalls die Grundstruktur seines anderen Schnittes zugrunde legte. Ferner fällt auf, daß die drei seitlichen Joche jeweils unterschiedlich gestaltet sind, die im Schnitt angedeutete Umgangssituation nicht mit der Emporen- und Durchgangslösung der anderen beiden Joche zusammengeht. Hier sind verschiedene Gestaltungsmöglichkeiten kombiniert. Damit ist der vorliegende Schnitt deutlich als Studienblatt bestimmt. Obgleich die Zeichnung vom Gesamteindruck her eindeutig auf Bernini verweist, stellt sie eine Auseinandersetzung mit dem Vorbild dar.

Selbstverständlich können die Zeichnungen nicht als eigenständige Entwürfe Zuccallis betrachtet werden, zeigen aber seine Absicht, andere Gesamtzusammenhänge zu entwickeln; sie geben einen anschaulichen Eindruck, wie Zuccalli sein Vorbild Bernini umzusetzen versuchte. Dabei erscheint die Frage, ob Zuccalli die entsprechenden Bauten aus eigener Anschauung oder nur aus entsprechenden Stichwerken kannte, zweitrangig.[19] Sicher ist nur, daß Zuccalli regelmäßig Post aus Italien erhielt. In seinem Nachlaß befand sich unter den Büchern auch ein Band „Welsche architectur in folio".

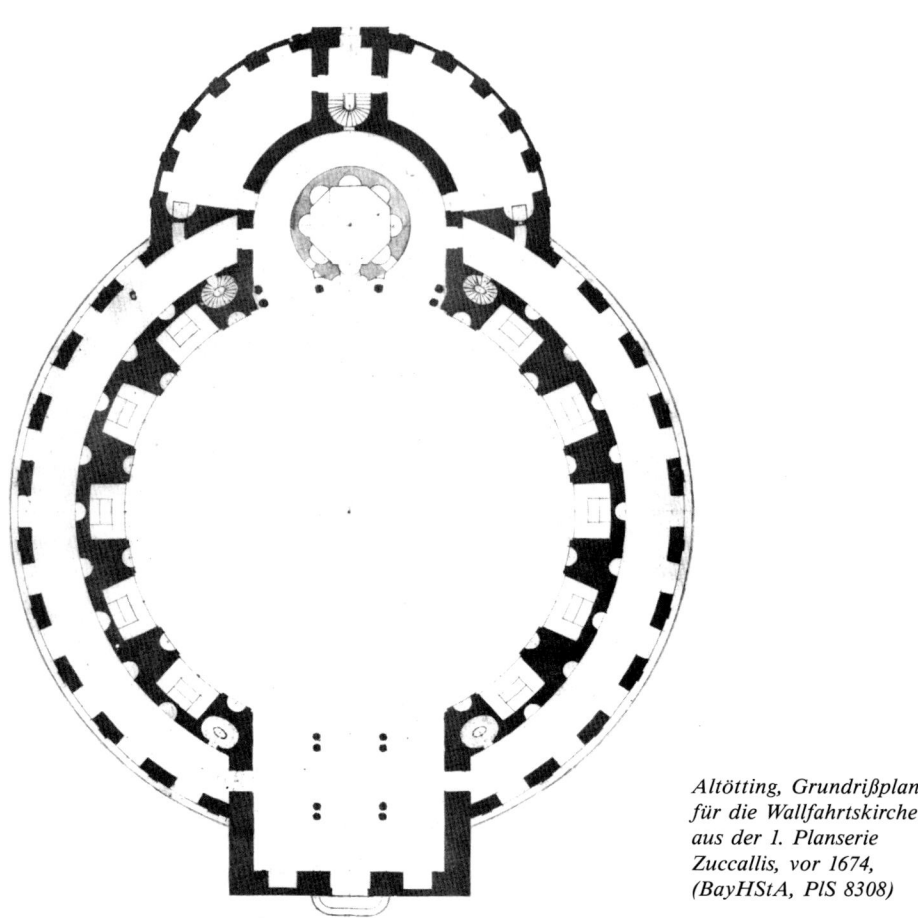

*Altötting, Grundrißplan
für die Wallfahrtskirche
aus der 1. Planserie
Zuccallis, vor 1674,
(BayHStA, PlS 8308)*

Von der kunsthistorischen Forschung werden die beiden Blätter als erste kirchliche Zentralbauten römisch-barocker Prägung in Bayern angesehen. Einen vergleichbaren Eindruck mögen sie ausgelöst haben, als sie Zuccalli am Münchner Hof vorlegte. Gewiß qualifizierte er sich damit für den Auftrag in Altötting. Ob die Pläne jedoch schon in einem konkreten Bezug zu diesem Bauvorhaben entstanden, muß dahingestellt bleiben. Der Altöttinger Dechant berichtet jedenfalls 1677 von Entwürfen Zuccallis, die dieser „für eine blosse und vorgegebene Verstöllung gedankenweise" vorgezeigt habe, „gleichwo selber in das Land und an E[uer] Ch[urfürstlich] D[urchlauch]t Hoff erstens khemmen ist"[20]. Bei Baubeginn sei dann nach anderen Entwürfen gearbeitet worden.

Diese sind in einer umfangreichen, aber unvollständigen Planserie, die fast ausschließlich Grundrisse umfaßt, erhalten. Alle Entwürfe weisen eine gemeinsame Grunddisposi-

26

tion auf. Die Hl. Kapelle, Zielpunkt der Wallfahrt, ist in den Chorraum des Kirchenneubaues anstelle des Hauptaltares integriert. Entsprechend der allgemeinen Bautradition von Marienwallfahrtskirchen, als deren Urbild die überkuppelte Rotunde des römischen Pantheon gilt, das 610 als Marienkirche geweiht wurde, ist der Neubau als Zentralbau konzipiert. Mit einem Umgang und einer großen Vorhalle berücksichtigte Zuccalli ebenfalls die Funktion der Wallfahrtskirche.

Zuccalli erarbeitete drei verschiedene Entwurfskonzepte: Eine Planreihe[21] sieht eine Rotunde mit Umgang vor, der nach außen in Arkaden geöffnet ist und von allen Seiten über einen Stufensockel erreicht werden kann. Eine annähernd quadratische Vorhalle ist als Eingangsbereich dem kreisrunden Kircheninnenraum mit zehn rechtwinkligen Altarnischen angeschlossen. Vier Säulenpaare unterteilen die Vorhalle und tragen zugleich die darüberliegende Empore. Der hufeisenförmige Chorraum ist durch Säulen gegen den Innenraum abgegrenzt, er birgt die Hl. Kapelle. Chorraum und Vorhalle sind durch den äußeren Umgang verklammert. Der Chor wird rückwärts nochmals von einer Raumschicht hinterfangen; am Scheitelpunkt dieses hufeisenförmigen Sakristeiraumes ist ein Turm eingefügt. Die Planzeichnung ist sehr schematisch; die Anlage des Zentralbaues wirkt trocken, fast spröde durch die kontinuierliche Reihung immer derselben Raum- und Gliederungselemente: halbrunde Nischen, flache Pilaster- oder Lisenenvorlagen im Innenraum und am Außenbau. An der Stirnseite der Vorhalle fehlt eine Fassadengestaltung. Zuccalli variierte dieses Grundrißschema in weiteren Zeichnungen, vermag aber auch darin nicht zu überzeugen.

Anders als diese wohl ersten Fassungen stellt sich ein zweiter Entwurfskomplex[22] dar. Die grundsätzlich gleichen Bauelemente sind hier zu einem neuen Ganzen zusammengefügt. Die Rotunde ist durch ein Queroval mit sechs untereinander verbundenen Ovalkapellen ersetzt, um das der wiederum direkt von außen zugängliche Umgang gelegt ist. Die große breitrechteckige Vorhalle liegt nun vor dem Umgang; ihre Fassade mit abgerundeten Ecken ist durch starke Pfeilervorlagen und mächtige Säulen zu seiten des Haupteingangs reich instrumentiert. Ein eigentlicher Chorraum fehlt bei diesem Entwurf; die Hl. Kapelle ist hier stärker vom großen Kircheninnenraum abgetrennt, mehr dem Bereich des vertieften Umganges zugeordnet. Der Zugang zur Hl. Kapelle vom inneren Kirchenoval her gleicht dem zu den übrigen anliegenden Kapellen. Rückwärts fügt sich ein dem Verlauf des Querovals entsprechender Sakristeiraum an, den zwei Türme flankieren. Dieses Motiv ist deutlich Berninis Kirche S. Maria dell'Assunzione in Ariccia entlehnt; gleichzeitig verweist das Queroval wieder auf das Vorbild von S. Andrea in Rom. Die Auseinandersetzung mit Bernini, wie sie in den Studienskizzen anschaulich wurde, kommt nun am konkreten Bauplan unter Berücksichtigung der Vorgaben in einem neuen Gesamtzusammenhang zum Tragen. Bei dieser Planung sind die einzelnen Raumteile wesentlich organischer verbunden als bei dem vorausgehenden Rotundenentwurf. Die Instrumentierung ist reicher; an allen Durchgängen sind eingestellte Säulen vorgesehen. Große Treppenanlagen in Vorhalle und Türmen sollten den Wallfahrern den Zugang zur Empore und dem oberen Umgang ermöglichen; der Bau ist damit ganz auf die Anforderungen des wachsenden Pilgerstromes abgestimmt. Ein direkter Vergleich zwischen dieser an Bernini orientierten Entwurfsfassung und dem kantigen Rotundenkonzept könnte Zweifel aufkommen lassen, ob beide von ein und demselben Architekten stammen, so grundsätzlich unterscheiden sie sich in der Gesamtauffassung.

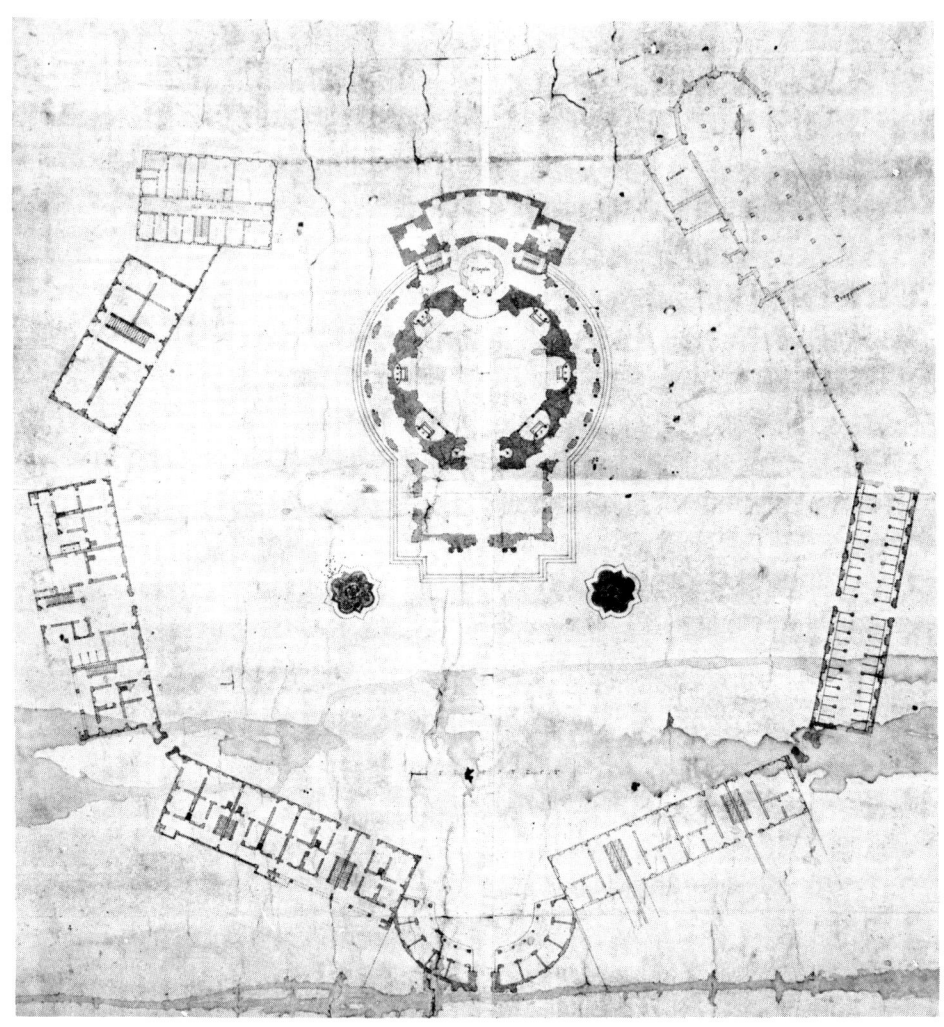

Altötting, Situationsplan der Platzanlage, Entwurft Zuccallis vor 1674, (BayHStA, PlS 8303)

Ein Übersichtsplan[23], der auch die Platzanlage um die Kirche berücksichtigt, zeigt eine Variante des eben beschriebenen berninesken Entwurfs in verschiedenen Details – die umfangreichen Treppenanlagen sind reduziert, die Fassadengliederung weniger monumental gehalten –, unterscheidet sich grundsätzlich aber darin, daß hier das Queroval wieder durch eine Rotunde ersetzt ist und der Innenraum analog zur Hl. Kapelle als Achteck mit halbkreisförmigen Nischen durchgestaltet ist. Diese Übertragung des Grundrisses der Hl.

Kapelle in die große Form der neuen Wallfahrtskirche erscheint von der historisch-inhaltlichen Interpretation des Baues her gesehen als sinnfälligste Lösung. So ist man geneigt, diese Fassung als Grundlage für die Ausführung anzusprechen, zumal auch ein Plan, der sich noch heute im Archiv der Kapellenverwaltung von Altötting befindet und sich durch die spätere Beschriftung als grundlegend für die Ausführung ausweist, diesen Grundriß in etwas reduzierter Form übernimmt. Die Sakristei mit den zwei seitlichen Türmen ist hier allerdings stärker gerundet, so daß am Außenbau der Eindruck eines runden Chorbereiches, der die alte Hl. Kapelle umfängt, entsteht, was an den Entwurf mit hufeisenförmiger Choranlage erinnert. Die Hl. Kapelle ist nun in einen kreisrunden Chorraum einbezogen, der dem Kirchenhauptraum und dem Umgang gleichwertig zugeordnet ist.

Die Betrachtung der einzelnen Entwürfe läßt erkennen, daß während einer umfangreichen Planungsphase zunächst zwei unterschiedliche Konzepte entwickelt wurden, die schließlich in einer dritten, endgültigen Fassung aufgingen, die auch ein Lageplan aus dem Jahr 1678[24] wiedergibt. Die zugehörige Planlegende bestätigt, daß der Bau 1674 nach dieser Vorlage begonnen wurde.

Auch andere archivalische Nachrichten nennen als Baubeginn mit ersten Arbeiten an den Kirchenfundamenten das Jahr 1674. Bereits 1673 hatte sich Zuccalli mehrfach in Altötting aufgehalten, um einen Lageplan und ein ‚neues Visier' vom Bauplatz aufzunehmen. Am 22. April 1674 schloß er dann den Vertrag über die Anlage der Fundamente; im September waren sie weitgehend ausgebaut. Am 16. März 1675 erfolgte die Abrechnung mit Zuccalli, woraus ersichtlich wird, daß zu diesem Zeitpunkt die Fundamente für acht Pfeiler, zwei Türme, die hintere Hauptmauer der Sakristei und die innere Mauer um die ‚Capelle' sowie das Portal angelegt waren. Bereits im Februar dieses Jahres hatte Zuccalli Kostenvoranschläge für den endgültigen Ausbau der Kuppelkirche vorgelegt. Die Arbeiten am Bau wurden aber nicht fortgeführt, obgleich Zuccalli bis zum Tode Ferdinand Marias 1679 noch eine Reihe weiterer Pläne fertigte. Bei diesen muß es sich um Aufrisse und fortgeschrittene Ausführungspläne gehandelt haben, denn mit den Fundamenten waren der Grundriß und damit die Grundkonzeption des Baues fixiert. Die zuvor dargelegte Planungsgeschichte muß demnach bereits 1674 abgeschlossen gewesen sein. Die genauen Grundrißpläne und entsprechenden (!) Aufrisse, die im Sommer 1675 von Altötting bei Zuccalli angefordert wurden, sollten lediglich den Baugedanken dokumentieren, da man fürchtete, der Bau könnte für längere Zeit unterbrochen werden. 1679/80 noch arbeitete Zuccalli an einem Holzmodell. 1679 legte er „fünf unterschiedliche, nach gestaltsame des allbereit aufgeführten Fundaments schön und scheinbar auch künstlich formierte Riss und Visieren"[25] vor. Sie konnten bisher nicht aufgefunden werden. Auch Stiche sind nicht bekannt. Aus Geldmangel und fehlendem Interesse des Kurfürsten Max Emanuel an dem großangelegten Vorhaben in Altötting kam der Bau nie über die Fundamente hinaus. Derart unausgeführt konnte die neue, von Zuccalli nach Vorbildern Berninis entwickelte Baukonzeption keine größere Nachwirkung entfalten.

Die Umgestaltung des Kapellplatzes durch entsprechende Randbebauung wurde dagegen zumindest teilweise realisiert, so daß man heute an Ort und Stelle, wenn auch nur in Ansätzen, eine Vorstellung von der Dimension des Projektes und den Absichten Zuccallis gewinnen kann.

Zuccalli mußte bei der Neuanlage des Platzes auf schon bestehende Gebäude Rücksicht

Altötting, Kapellplatz

nehmen. Diese sind auf dem Situationsplan durch gelbe Lavierung hervorgehoben. Nur die Bauten der Jesuiten – Kollegium und Kirche – hinter der neu geplanten Kirche zwischen der detailliert wiedergegebenen sog. Hoftaverne und der Stiftskirche mit Propstei sind nicht eingezeichnet. Gelb angelegt und damit als Bestand gekennzeichnet ist auch der Gebäudetrakt neben der geplanten halbrunden Eingangsgalerie auf der Seite der Stiftskirche. Dabei handelt es sich um die 1619 erbauten sog. Stockhäuser für die Kanoniker. Die übrigen Gebäude sind durch eine intensiv rosa Lavierung als Planung gekennzeichnet, so daß der Plan vor 1674, dem Beginn der Bauarbeiten, datiert werden kann.

Obgleich Zuccalli die bereits bestehenden Gebäude einbeziehen mußte, gelang es ihm durch Einfügen von Neubauten und lockere Aneinanderfügung der einzelnen Gebäude über Eck, einen weitgehend regelmäßigen und symmetrisch angelegten Achteckplatz zu schaffen. Wie Bleistifteintragungen auf der Federzeichnung andeuten, beabsichtigte er sogar, die schräg in den Platz hineinkragende Hoftaverne umzubauen, um eine völlig symmetrische Platzbegrenzung zu erreichen. Ebenfalls in Bleistift ist hinter der Kirche, zwischen Stiftskirche und Hoftaverne, eine angerundete Pfeilerarkatur angegeben, die den Platz parallel zur hinteren Sakristeiwand der Kirche begrenzt hätte. Die gestalterische Idee der Platzanlage war, eine geometrische Form zu entwickeln, die sich im Kirchenbau verdichten

30

und im Oktogon der Hl. Kapelle ihre letzte Konzentration erfahren sollte. Die Kapelle wurde zum ideellen Brennpunkt der Gesamtanlage.

Die Kirche inmitten des Platzraumes sollte durch einen Stufensockel aus der Grundebene des Platzes herausgehoben, der Platz seinerseits als besonders ehrwürdiger Bereich gegen jeden Verkehr ausgegrenzt werden. Dafür sah Zuccalli zwischen den Gebäuden der Randbebauung eigene Tore vor. Der Wallfahrer sollte durch eine halbrunde Eingangsgalerie genau in der verlängerten Längsachse des Kirchenbaues den Platz betreten. Die Galerie sollte verschiedene Verkaufsläden aufnehmen und mit einer vorgeblendeten, durch Doppelpilaster und Nischen gegliederten geraden Portalfassade den Hauptzugang zum Platz bilden. Die halbkreisförmige Galerie verdeutlicht diese ihr zugedachte Eingangsfunktion nicht nur nach außen, indem sie sich kräftig vorrundet, dem Besucher entgegenzutreten scheint, sondern auch nach innen, wo sie zunächst eine Art Vorraum schafft, durch den sie den Wallfahrer in die Weite des Platzes entläßt. Vom Portal der Kirchenvorhalle aus gesehen, hätte die Galerie eine den Blick auffangende Prospektarchitektur gebildet. Auch den vierpaßförmigen Brunnen zu seiten der Kirchenvorhalle ist im Zusammenhang mit der räumlichen Platzgestaltung besondere Bedeutung beizumessen. Zuccalli plante zu dem einen, heute noch bestehenden, 1637 vom Salzburger Erzbischof Paris Lodron gestifteten Marienbrunnen ein Pendant. Obgleich er also durch die Lage dieses Brunnens gebunden war, versuchte er durch entsprechende Ausrichtung der Randbebauung in Bezug auf den Kirchenneubau den Platz so zu gestalten, daß über die beiden Brunnen vom Mittelportal des sog. ersten Chorherrenhauses zur Stallung eine deutliche Querachse entstand.

Altötting, Dechanthof (1678)

Mit der Platzanlage von Altötting gelang es Zuccalli in besonderem Maße, sich der vorgegebenen, nicht einfachen Situation anzupassen und diese in einen neuen Gesamtzusammenhang zu übertragen, ohne dabei funktionale Gesichtspunkte außer acht zu lassen. Von diesen Planungen wurden nur die beiden sog. Chorherrenhäuser realisiert. Das an die Eingangsgalerie anschließende, später veränderte Kanonikergebäude, begonnen 1678 und 1680 im Rohbau fertiggestellt, war sowohl in der Ausdehnung als auch in der Grundrißaufteilung dem seit 1619 bestehenden Kanonikerstock auf der anderen Seite der geplanten Galerie angepaßt. Gebäudehöhe und Fassadengestaltung orientierten sich aber an dem links anschließenden, bereits 1678 fertiggestellten Dechanthof. Möglicherweise sollte der ältere Kanonikerstock dem äußeren Erscheinungsbild der Neubauten angeglichen werden. Der Dechanthof, noch weitgehend im Originalzustand erhalten, zeichnet sich im Grundriß durch seine mittenliegende Eingangshalle und an der rückwärtigen Fassade durch einen die Hauptaufgangstreppe aufnehmenden Gebäuderisalit mit Zwerchgiebel aus. Dagegen ist die Eingangsfassade als gerade Platzwandung ausgebildet und entsprechend einfach gegliedert. Das als Sockel behandelte Erdgeschoß wird durch ein kräftiges Gesims gegen den ersten Stock abgegrenzt, den hochrechteckige Fenster akzentuieren. Das darüberliegende Mezzaningeschoß besitzt einfach gerahmte, quadratische Fenster. Die mittleren drei Achsen werden durch begrenzende Lisenen und Fensterverdachungen im Hauptgeschoß betont. Trotz aller Einfachheit wirkt das Gebäude durch seine klare, körperhafte Geschlossenheit imposant. Rückwärtig schloß sich eine Gartenanlage mit begrenzenden Wirtschaftsgebäuden an, die z. T. noch erhalten sind. Insofern stellt der Dechanthof nicht nur ein Element der Platzgestaltung dar, sondern kann auch als selbständig durchgestalteter Baukomplex aufgefaßt werden.

Zuccallis Anteil an der Theatinerkirche in München

Gleichzeitig zu den umfangreichen Projekten für Altötting hat Zuccalli auch am Bau der Theatinerkirche St. Kajetan mitgewirkt.

Als Dankvotivkirche war sie von Kurfürst Ferdinand Maria und seiner Gemahlin Henriette Adelaide nach jahrelanger Kinderlosigkeit anläßlich der Geburt des Thronfolgers Max Emanuel (1662) gestiftet worden. Das geplante Gotteshaus sollte zugleich Ordenskirche der von der Kurfürstin aus Turin nach München berufenen Theatiner werden. Außerdem war der Bau, in unmittelbarer Nachbarschaft der Residenz gelegen, als Hofkirche gedacht und sollte in einer Fürstengruft die Grablege der Wittelsbacher aufnehmen.

Um dem komplexen Anspruch und dem beabsichtigten repräsentativen Charakter auch in der baulichen Form Ausdruck zu verleihen, sollte die Kirche nach den Plänen des eigens nach München beorderten Architekten Agostino Barelli entstehen. Dieser hatte bereits in seiner Heimatstadt Bologna eine Theatinerkirche entworfen. Als Vorbild für das Münchner Neubauprojekt diente die Mutterkirche des Ordens in Rom, S. Andrea della Valle. 1663 legte das Kurfürstenpaar den Grundstein zu der Kirche, die vom Raumtypus her als eine Kuppelbasilika über lateinischem Kreuz entworfen war. Ein dreijochiges, von zwei schmä-

München, Theatinerkirche

32

leren Jochen eingefaßtes Langhaus mit überkuppelten Kapellen in den Seitenschiffen, ein breites, aber kaum über das Langhaus hinauskragendes Querhaus und eine rundgeschlossene Apsis nach einem Chorjoch sind die bestimmenden Elemente des Grundrisses. Die äußere Erscheinung wird von der über der Vierung aufsteigenden, hohen Tambourkuppel bestimmt. Barelli hatte die Eingangsfront zunächst ohne Türme als zweigeschossiges, säulenbesetztes Fassadenblatt nach römischem Vorbild konzipiert.

Als Zuccalli gegen 1674 zum Bau der Theatinerkirche herangezogen wurde, war der Rohbau bereits weit fortgeschritten; nur die Kuppel und die Fassadenarchitektur fehlten noch. Es gilt also den Anteil Zuccallis an der weiteren Planung und Durchführung des Kirchenbaues zu bestimmen. Im Gegensatz zur älteren Literatur, die dem Graubündner dabei eine maßgebliche Rolle zugestand, reduzierte die neuere Forschung unter Berücksichtigung der Baugeschichte und einer teilweisen Neuzuschreibung der mehr als dreißig noch erhaltenen Pläne zu Kirche und Kloster Zuccallis Einfluß.[26]

Neben Barelli, dem für den Entwurf maßgeblichen Architekten, hatten noch andere unmittelbar an oder mit dem Bau Beschäftigte maßgeblichen Anteil. Lorenzo Perti vom Comersee, gleichzeitig mit Barelli nach München gekommen, fungierte als Bauführer. Bedeutenden Einfluß auf das Bauvorhaben nahm von Anfang an der Theaterinerpater und zeitweilige Propst Antonio Spinelli (1630–1706). Als Beichtvater der Kurfürstin verfügte er über enge Kontakte zum Hof. So gelang es ihm, sich eine Art Oberleitung über das Bauvorhaben zu sichern, zumal nachdem er 1665 Barelli Fehler in den Maßverhältnissen am Langhaus nachweisen konnte und damit seine bautechnische Befähigung unter Beweis zu stellen vermochte. Von 1668-1672, als Barelli nicht in München weilte, stand Spinelli dem Theatinerbauwesen als Intendant vor. Verschiedene Pläne zur Kirchengestaltung können ihm zugeschrieben werden. Zu den Klostertrakten haben sich neben Plänen von der Hand Spinellis auch einige von Pater Gaietano Bonomo erhalten.[27] Über das Baugeschehen direkt berichtet das von Spinelli verfaßte, sicherlich nicht immer objektive Tagebuch. Daraus geht hervor, daß sich Spinelli nach 1674 gegen eine Beteiligung Zuccallis aussprach, diesem sogar feindselig gegenüberstand. Erst nach dem Tod der Kurfürstin 1676, als Spinelli seinen starken Rückhalt bei Hofe verlor und auf Betreiben des Freiherrn von Berchem 1677 vorübergehend von der Oberleitung des Baues suspendiert wurde, kam Zuccalli zum Zuge. Schon die personelle Konstellation am Bau relativiert also die Einflußmöglichkeit Zuccallis.

Obleich die Grundkonzeption der Kirche auf Barelli zurückgeht, scheinen zwei wesentliche, die Außenerscheinung des Baues bestimmende Eingriffe in die ursprünglichen Planungen von Zuccalli vorgenommen worden zu sein: die Gestaltung der Kuppel und die Projektierung der Zweiturmfassade. Pläne zur Kuppel (um 1674)[28] und ein Fassadenaufriß (zwischen 1676 und 1678 zu datieren)[29] nach den Vorstellungen Zuccallis, jedoch von der Hand Trubillios, haben sich erhalten.

1674 wurde mit Arbeiten an der Kuppel begonnen. Die von Trubillio gezeichneten Entwürfe Zuccallis deuten darauf hin, daß man sich anfänglich noch nicht völlig im klaren war, wie die Kuppel im einzelnen aussehen sollte, zumal Schwierigkeiten beim Bau auftraten. Hinzu kommt, daß offensichtlich schon Barelli seine ursprüngliche Konzeption überarbeitet hatte.[30] Zuccallis Fassadenentwurf sah schließlich für die Kuppel eine Tambourzone mit Stichbogenfenstern, Doppelsäulenstellung und Figurennischen vor. Darin

München, Theatinerkirche, Fassadenaufriß Zuccallis zwischen 1676 und 1678, (BayHStA, PlS 8299)

folgte er dem ursprünglichen Entwurf Barellis. In der Ausführung ließ Zuccalli dann die Figurennischen weg, wodurch die Tambourzone strenger und kompakter wirkt. Auch die Durchfensterung der Kuppelschale scheint bereits von Barelli in seinem überarbeiteten Entwurf vorgesehen. Hingegen dürfen die über den großen verdachten Rechteckfenstern auf dem Fassadenriß erkennbaren Okuli, die heute nurmehr im Inneren der Kuppelschale sichtbar sind, Zuccalli zugeschrieben werden. Ob die gegenüber dem Fassadenriß in der Ausführung fehlende ornamentale Ausgestaltung der Kuppelfenster entsprechend der früheren, wesentlich nüchterneren Kuppel-Konstruktionszeichnung Trubillios aus künstlerischen Gründen oder praktischen Erwägungen fallen gelassen wurde, muß offen bleiben. Die Form der die Kuppel bekrönenden Laterne mit den schmalen Volutenstützen und dem kalottenartigen Dach findet sich nur auf den Zuccalli zugeschriebenen Zeichnungen und darf somit als sein Beitrag gelten. Die formale Ausbildung der Kuppel orientiert sich an römischen Vorbildern, geht nicht allein auf eine Idee Zuccallis zurück; als dem leitenden Baumeister ist ihm aber die bautechnische Durchführung zu danken.

Auch der Gedanke, die Fassade durch zwei seitliche Türme zu ergänzen – eine eher nördlich der Alpen verbreitete Baugewohnheit, die seit dem Salzburger Dom bei den meisten danach entstandenen großen Klosterkirchen üblich wurde –, kann nicht länger allein Zuccalli zugeschrieben werden. Darauf weist eine Stelle im Testament Henriette Adelaides hin, die mit dem Datum 12. 3. 1669 versehen ist.[31] Die Kurfürstin legte hier die weitere Ausführung der Theatinerkirche fest; u. a. sind zwei gleichgestaltete, säulenbesetzte Türme, die drei Viertel der Kuppelhöhe erreichen sollen, erwähnt; alles sei entsprechend dem Plan, nach dem bereits zu bauen begonnen worden sei, und ergänzenden Zeichnungen Spinellis zu halten. Unabhängig davon sind die auf Barellis Kirchengrundriß von 1663 nachträglich eingezeichneten, säulenbesetzten (!) Türme wohl nicht von Zuccalli, sondern noch vor 1674 von Barelli[32] (oder Spinelli?) hinzugefügt worden. Durch Anfügen der Türme wurde die Fassade verbreitert und damit das Querhaus verdeckt. Ferner balancierten die Türme die Überbetonung der Vertikalen, die durch die hochaufragende Kuppel hinter dem schmalen Fassadengiebel entstanden war, aus. Als plastische Akzente stellten sie ein Gegengewicht zum mächtigen Kuppelvolumen dar. Die Idee der Zweiturmfront bildete Zuccalli dann formal eigenständig durch. Barelli hatte an seiner sehr plastisch mit Säulen und reichem Ornament versehenen Fassade die ebenfalls säulenbesetzten Türme seitlich vorgezogen. Zuccalli dagegen setzte sie leicht zurück. Er erreichte dadurch in Verbindung mit einer wesentlich flacheren, von Pilastern bestimmten Fassadengliederung, die sich zur Mitte hin langsam in einer immer dichteren Pilasterstellung reliefartig vorschiebt und erst im Bereich der breiten Mitteltravée Halbsäulen im Portalbereich aufweist, eine zusammenhängende Fassadenwirkung entlang der damaligen Schwabinger Gasse. Im unteren Bereich sind die Türme eng an die mittlere Front durch die starke horizontale Gliederung – den Sockel, das durchlaufende Gebälk, das Gesims und die Attika – angebunden. Durch die schlichte Blendrahmengliederung am Untergeschoß des rechten Turmes auf Zuccallis Fassadenriß, der einen Alternativvorschlag bringt, ist diese enge Anbindung schon im unteren Geschoß vermieden, ein gewisser Gegensatz zum mittleren Fassadenteil angedeutet. Erst darüber, beiderseits des Fassadengiebels, wird dann für den nicht mehr direkt vor dem Bau stehenden Betrachter sichtbar gemacht, daß die Türme nur beigestellt und nicht mit dem Langhauskörper verbunden sind.

Auffallend ist bei Zuccalli allgemein die Reduktion des Formenapparates gegenüber der Barellifassade. Die Fassade ist so gut wie allen Ornaments entkleidet. Nur die Figuren in den Nischen, die wappenhaltenden Engel im Giebel und Festons beleben die architektonische Gliederung. Darin ist ein Stilmerkmal Zuccallis zu sehen, das auch seine anderen Bauten kennzeichnet. Die Fassadenwand wird lediglich durch architektonisch durchgebildete Einzelmotive, die deutlich gegeneinander abgegrenzt und klar vor die Wand gelegt und gestaffelt sind, instrumentiert. Durch die eher zurückhaltende Art der Fassadengestaltung steigert Zuccalli die Wirkung des Einzelmotives: Die Säule erscheint erst in der Fassadenmitte, an der am weitesten vorgezogenen Stelle. Nur hier wird auch mit dem Korbbogen die strenge Horizontale des Gebälks überhöht und damit der Haupteingang betont. Zuccalli verwendet die Säule sehr konkret im architektonischen Zusammenhang als besondere Würdeform, während Barelli das Säulenmotiv im Sinne einer allgemeinen Nobilitierung des Baues häuft. Bei der Gliederung des Fassadenblattes orientierte sich Zuccalli offensichtlich an der Fassade von Il Gesù in Rom – 1575 von Giacomo della Porta begonnen – und deren Nachfolgebau S. Ignazio.

Zuccallis Entwurf zur Fassade der Theatinerkirche wurde wohl zunächst als weniger repräsentativ kritisiert, dann aber doch als moderne Lösung in einer zeitgenössischen Quelle interpretiert; die Kirche jedenfalls als „in modernam formam reductum edificium" bezeichnet.[33]

Für die Gestaltung der Turmabschlüsse gibt Zuccalli auf dem Aufriß zwei Alternativen. Im Hinblick auf die spätere Ausführung erscheint der Abschluß des linken Turmes über der den Fassadengiebel aufgreifenden Giebelverdachung des dritten Turmgeschosses bemerkenswert. Es handelt sich um einen formal der Kuppellaterne angepaßten, leichten Turmhelm mit Rundbogenöffnungen, Voluten- und Kreuzblumenbesatz. Nach Richard Paulus war 1685 ein Turm nahezu ausgebaut, der zweite Anfang der neunziger Jahre vollendet. Im Unterbau entsprechen sie heute Zuccallis Entwurf. Der charakteristische, viel schwerere Abschluß mit den großen Schneckenvoluten ist dagegen auf keinem erhaltenen Zuccalliplan dokumentiert. Möglicherweise geht er auf einen Planvorschlag Spinellis zurück[34]; vergleichbare große Voluten am Kuppelansatz zeigt die Kirche S. Maria della Salute in Venedig, wo Spinelli sein Ordensgelübde abgelegt hatte.

Die Fassade blieb zu Lebzeiten Zuccallis unvollendet. Sie konnte erst ab 1765 nach einem Entwurf von François Cuvilliés d. Ä. (1695–1768) fertiggestellt werden. Da die Türme bereits standen, war er durch die vorgegebene Sockelhöhe und bestimmte Einzelformen, wie Gebälk- und Pilastergliederung, an den Entwurf Zuccallis gebunden. Cuvilliés gelang durch deutliche Ausbildung eines dreiachsigen Mittelrisalites, Eintiefung der Portaltravée und Neugestaltung im Bereich der breiten Giebelvoluten Zuccallis eine straffe Neukomposition der Fassade der Theatinerkirche. Im Gesamterscheinungsbild spricht Zuccallis Plan jedoch noch mit.

Nach Plänen Zuccallis wurden zwischen 1683 und 1688 kleinere Anbauten an das Langhaus der Theatinerkirche angefügt, die eine Loreto- und eine Kreuzkapelle sowie eine Heilige Stiege aufnahmen. Aber schon 1820 hat man diese Bauteile wieder abgebrochen.

In die Jahre zwischen 1675 und 1688 fiel die Innenausstattung der Theatinerkirche. Ob Zuccalli als bestimmender Meister ihrer ornamentalen Ausgestaltung angesehen werden kann – Richard Paulus hob die ‚Dekorationskunst' des Graubündners rühmend hervor –

ist fraglich. Denn sowohl im Fassadenplan zu dieser Kirche wie bei seinen anderen Bauten hat Zuccalli den Stuckdekor stark reduziert. Außerdem war an der Theatinerkirche ein Trupp ,welscher' Stukkatoren tätig, denen eine gewisse Eigenständigkeit bei ihrer Ausstattungstätigkeit zugebilligt werden muß. Zu berücksichtigen ist allerdings, daß Zuccallis Vater Stukkator war, er selbst also mit der Dekorationskunst an sich und speziell mit der handwerklichen Praxis vertraut war. Zuccalli hat nachweislich in Einzelfällen auch ,Visiere' für Raumausstattungen gezeichnet, z. B. für Lustheim und die Münchner Residenz; dabei handelt es sich aber vornehmlich um die Ausgestaltung von Kartuschenrahmungen über Türen oder um Deckenaufteilungen.[35]

Gerade im Fassadenentwurf für die Theatinerkirche zeigt sich in besonderem Maße der Architekt Zuccalli; der Aufriß in seiner formalen Durchgestaltung muß vor allem als sein Beitrag zur Münchner Theatinerkirche gelten. Wenn damit auch Zuccallis Anteil an diesem richtungsweisenden Sakralbau in etwa bestimmt ist, so kann dessen Baugeschichte aber immer noch nicht als zufriedenstellend gelöst betrachtet werden.

Restaurierungsmaßnahmen und Umbauten in der Stadtresidenz München

Seit der Mitte des 16. Jahrhunderts war die Residenz München im Anschluß an die sog. ,Neuveste' zu einer weitläufigen, mehrere Binnenhöfe umfassenden Anlage ausgebaut worden. 1674 zerstörte ein Brand große Teile der westlichen Residenzflügel. Obgleich noch 1675 erste Wiederherstellungsarbeiten belegt sind, wurden erst 1680 mit der Regierungsübernahme durch Max Emanuel umfangreiche Erneuerungs- und Umbauarbeiten in Angriff genommen. Die seit dem Brand unbenutzbaren Trakte, die Kaiserzimmer (heute Steinzimmer und Teile der Hofgartenzimmer), aber auch bestehende Raumfolgen, entsprachen nicht mehr den Ansprüchen, die der neue Kurfürst an seine Residenz stellte. Mit der Oberleitung der Arbeiten wurde der Hofbaumeister Zuccalli betraut.

Die Wiederherstellung der 1612–1617 angelegten Kaiserzimmer, deren Holzdecken fast vollständig zerstört waren, erfolgte ohne besondere architektonische Eingriffe; vielmehr war eine originalgetreue Instandsetzung der Räumlichkeiten beabsichtigt. Zuccalli begegnet hier als leitender Restaurator der von 1690 bis 1701 mit längeren Unterbrechungen durchgeführten Renovierung.

Die Neugestaltung der Alexanderzimmer (1680–1685) – sieben Räume im Hauptgeschoß des östlich des Grottenhofes gelegenen Traktes und im nach Osten rechtwinklig anschließenden Flügel, wo sich heute die sog. Reichen Zimmer befinden – dokumentiert ein 1714 nach Paris gelangter Bestandsplan der Residenz; die Bauaufnahme ist zwar aus der Zeit zwischen 1616 und 1630, belegt aber die Planungen Zuccallis durch entsprechende Tekturen, die darauf angebracht sind. Danach sah Zuccalli Umbauten von überschaubarem Umfang vor. Hauptaspekt war neben der baulichen Erweiterung des Traktes die Schaffung einer Raumfolge, die – an modernen französischen Vorbildern orientiert – versuchte, die Zimmer in abnehmender Raumgröße anzuordnen; dabei wurden die Türdurchgänge jeweils auf der Fensterseite so angelegt, daß eine geradlinige Verbindung der Räume, eine Enfilade, entstand. Zuccalli löste diese Aufgabe geschickt unter weitgehender Einbeziehung des vorgefundenen Bestandes.

München, Residenz, Ansicht des Grottenhofes, Matthias Disel um 1723

Eine entsprechende Umgestaltung im Obergeschoß des Antiquariums, die ebenfalls durch Tekturen auf dem Pariser Residenzplan belegt ist, blieb Projekt.

Bemerkenswert für die Beurteilung Zuccallis als Architekt sind die Baumaßnahmen im Zusammenhang mit den sog. Sommerzimmern, die im Anschluß an die Alexanderzimmer im Hauptgeschoß des südlich des Grottenhofes gelegenen Traktes lagen. Der dem Antiquarium vorgelagerte Grottenhof war von 1581 bis 1586 durch Friedrich Sustris (1540–1599) angelegt worden. An den zwei Schmalseiten des Hofes öffneten sich zu ebener Erde Bogenhallen; der Trakt an seiner südlichen Längsseite war im Erdgeschoß in zwei parallele Raumfluchten unterteilt. Über dem rückwärtigen Gartensaal, der heutigen Ahnengalerie, befand sich auch im oberen Stock ein langgestreckter Saal, den zeitgenössische Residenzbeschreibungen als Schatzgalerie bezeichnen. Von da aus gelangte man auf eine davorliegende, terrassenartige Altane am Grottenhof. Diesen älteren Baubestand konnte Peter Diemer durch einen Planvergleich erschließen.[37] Gleichzeitig wurde es damit möglich, die Umbauten Zuccallis aus den Jahren 1680 bis 1685 zu rekonstruieren. Damals wurde die Wand am Grottenhof aufgestockt, so daß anstatt der Terrasse vor der Schatzgalerie auch am Grottenhof im Obergeschoß ein geschlossener Raum entstand; nach den entsprechenden Hofbauamtsrechnungen war dies ein „langer neuer Saal", der mit einer später hier erwähnten Kunstgalerie identisch zu sein scheint. In den Quellen finden sich noch weitere Belege für die genannte Baumaßnahme; darin heißt es u. a., durch die Entfernung der alten Altane sei eine Vergrößerung der Zimmer möglich geworden. Auf einem Stich Michael Wenings von 1701 mit der Gesamtansicht der Münchner Residenz ist dann statt der alten Altane eine breite Dachterrasse mit Springbrunnen und Orangenbäumen auf dem durchgehenden, zweigeschossigen Südtrakt am Grottenhof zu sehen. Eine spätere Darstellung von Matthias Disel zeigt den Grottenhof um 1723 nach den Umbaumaßnahmen durch Zuccalli, aber noch vor dem verheerenden Brand von 1729 und der nachfolgenden Umgestaltung der Hoffassaden und Zimmerfluchten durch Cuvilliés d. Ä. Anhand des zweiten Bilddokuments wird deutlich, daß Zuccalli bei der Aufstockung des Südtraktes die hundert Jahre zurückliegende Fassadengestaltung von Sustris aufgriff und die neue Front historisierend dem Bestand anglich. Obgleich der Stich von Michael Wening das von Zuccalli ausgebaute Obergeschoß an der Südseite des Grottenhofes nur schematisch, ohne die künstlerische Durchgestaltung, ohne Figurennischen und Stuckornamente abbildet, ist in dem zugehörigen Text von Figuren die Rede – zwölf großen Statuen, sechzehn kleinen und vierundzwanzig Brustbildern; dies bestätigt die bei Disel dargestellte Fassadengliederung des Grottenhofes. Außerdem schloß Zuccalli am 13. November 1680 mit Giovanni Prospero Brenni einen Vertrag zur Stuckierung der Fassade der Sommerzimmer.[39] Ausführender Baumeister war Antonio Riva. Ist es auf der einen Seite erstaunlich, daß Zuccalli nicht eine moderne Umgestaltung der Fronten vornahm, wie dies später Cuvilliés d. Ä. tat, so bleibt andererseits zu bedenken, daß der Grottenhoftrakt des 16. Jahrhunderts sicherlich auf Wunsch des Auftraggebers Max Emanuel beibehalten werden sollte. Zudem war Zuccalli mit dem Stil des 16. Jahrhunderts aufs engste vertraut; auf seine Kenntnis der entsprechenden Architekturtraktate und der Architektur jener Zeit wurde bereits im biographischen Kapitel verwiesen.

Als der entwicklungsgeschichtlich interessanteste Raum, den Zuccalli im Zuge seiner Umbaumaßnahmen in der Residenz anlegte, kann das ‚Holländische Kabinett‘ angesehen werden. Es verband die Alexanderzimmer mit den Räumlichkeiten im Obergeschoß des Antiquariums. Schon auf den Tekturen des heute in Paris liegenden Residenzplanes erscheint das Kabinett als Oval eingezeichnet, wurde aber erst rund zehn Jahre nach den Alexanderzimmern, etwa 1693/94, fertiggestellt. Nach einem Umbau 1729 diente der Raum bis 1944 als Cäcilienkapelle; seit den Zerstörungen des Zweiten Weltkrieges ist heute nurmehr der Raum als solcher mit hohen Wandnischen und einer Flachkuppel erhalten. Über seine ursprüngliche Ausstattung berichten verschiedene Residenzbeschreibungen. Danach befand sich im Zentrum der Kuppel ein Ovalspiegel, umgeben von der Darstellung der vier Elemente; die Wände waren mit Spiegeln sowie lackierten Holztafeln verkleidet. Bis an die Decke hinauf war Prozellan aufgestellt. Entsprechend dieser Ausstattung kann der Raum als Spiegel-, Lack- oder Porzellankabinett identifiziert werden.

In Holland, dem Zentrum des Ostasienhandels, von wo die im 18. Jahrhundert weit verbreitete sog. Chinamode ihren Ausgang nahm, finden sich schon in den achtziger Jahren des 17. Jahrhunderts die ersten Beispiele intimer, kostbar ausgestatteter Kabinette exotischen Charakters.[40] Diesen neuen Raumtyp wird Zuccalli kennengelernt haben, als er 1693 von Brüssel aus nach Holland reiste. Während seiner Statthalterschaft in den spanischen Niederlanden hatte Kurfürst Max Emanuel auch Porzellan aus Ostasien erworben. Um es gebührend aufstellen zu können, sollte auch in der Münchner Residenz ein entsprechendes Kabinett als erstes Beispiel dieser Art verwirklicht werden. 1694 schrieb Max Emanuel aus Brüssel, das „hollandische Cabinet“ solle „ausgemacht“ werden. Möglicherweise hatte Zuccalli den hohen Ovalraum, der im Außenbau – folgt man der Darstellung in Michael

Die Schloß- und Gartenanlagen von Schleißheim und Lustheim

Wenings Residenzansicht von 1701 – pavillonartig aufragte und mit dünnen Pfeilervorlagen, hohen Rechteckfenstern und einem Kalottendach als Abschluß versehen war, gemäß dem Pariser Plan 1680 in Zusammenhang mit den Alexanderzimmern als Kapelle konzipiert (vgl. die spätere Umgestaltung zur Cäcilienkapelle). Als Porzellankabinett wurde der Raum jedenfalls erst nach dem Aufenthalt in Holland eingerichtet.

Mit seiner Tätigkeit in der Münchner Residenz empfahl sich Zuccalli für ähnliche Aufgaben: Umbauten in der Statthalterresidenz in Brüssel wie in den Bischofsresidenzen von Freising und Lüttich sollten folgen. Diese Arbeiten sind zwar dokumentiert, im einzelnen aber bisher nicht faßbar.

Die Schloß- und Gartenanlagen von Schleißheim und Lustheim

Die nördlich von München inmitten der einst bewaldeten und wildreichen Schotterebene gelegene Schloßanlage war das umfangreichste Bauprojekt, das Kurfürst Max Emanuel in Auftrag gab. Es sollte Zuccalli fast vierzig Jahre lang beschäftigen.

Im Westen der Gesamtanlage liegt das sog. Alte Schloß, das Herzog Wilhelm V. ab 1597 hatte errichten lassen; das in der Folgezeit mehrfach umgebaute Schloß war mit einer ursprünglich um drei Höfe gruppierten Schwaiganlage verbunden. Östlich davon wurde ab 1701 das Neue Schloß nach Plänen Zuccallis erbaut. Von hier erstreckt sich die langgezogene Schleißheimer Schloßgartenanlage bis nach Lustheim; diesen Namen trägt – erst seit 1715 – das von 1684 an durch Zuccalli aufgeführte Schloß mit den beiden seitlichen Pavillons, das einst von einer halbkreisförmigen Galerie hinterfangen war.

Unter Wilhelm V. dem Frommen war die Hofmark Schleißheim ein leistungsfähiger Gutsbetrieb, zugleich aber ein Ort, an den sich der Herzog nach seiner Abdankung zu religiösen Übungen zurückzog. In der Umgebung des Alten Schlosses waren auf seine Weisung hin eine Reihe von Kapellen und Klausen entstanden, die Mönche und Einsiedler bewohnten. Wege mit Kreuzen und Bildstöcken verbanden die einzelnen Klausen miteinander; damals wurde die Schleißheimer Heide- und Waldlandschaft erstmals durch Wegachsen und Bauten organisiert. Die Nachfolger Wilhelms V., Maximilian I. – seit 1623 im Besitz der Kurwürde – und Ferdinand Maria, modernisierten das Alte Schloß; sie schätzten Schleißheim als Sommersitz und Jagdaufenthalt. Unter Ferdinand Maria wurde eine große Gartenanlage mit Kanälen, Springbrunnen und Lindenalleen als Rahmen für die in den Sommermonaten in Schleißheim abgehaltenen höfischen Feste geplant. Das Projekt wurde jedoch nicht verwirklicht, so daß Schleißheim noch unter Max Emanuel der Charakter der von Wilhelm V. geschaffenen Anlage anhaftete.

Lustheim

Die Neukonzeption der Schleißheimer Schloßanlage wurde mit Lustheim begonnen. Lustheim ist zugleich der erste Schloßbau, den Zuccalli eigenständig plante. Die Errichtung des Baues erfolgte unmittelbar auf den Entsatz von Wien, von dem der jugendliche Kurfürst Max Emanuel 1683 als gefeierter Feldherr zurückkehrte. Lustheim sollte der Bau des ‚Türkensiegers‘ werden. Es war als Festbau konzipiert, in den sich der jagdbegeisterte Kurfürst mit einem ausgewählten Kreis seines Gefolges zurückziehen konnte. Der Neubau war im Gegensatz zum Alten Schloß in Schleißheim als exklusiver Rahmen für das festliche Ereignis der Jagd gedacht, die als adäquate Tätigkeit des Feldherrn in Zeiten des Friedens ange-

Lustheim von Westen, Gemälde von Franz Joachim Beich 1718

sehen wurde. Es mußte den Anforderungen für einen vorübergehenden Aufenthalt entsprechen und für die Abhaltung von Festbanketten eingerichtet sein. Zuccalli sollte also ein Jagd- und Lustschloß nach den persönlichen Vorstellungen des Kurfürsten erstellen.

Als Bauplatz war der Ort der St. Renatusklause bestimmt, die 1.508 Schritte östlich des Alten Schlosses angelegt worden und seit 1679 über eine Lindenallee mit diesem achsial verbunden war. Der Neubau konnte also zugleich als Blickpunkt und Prospekt für Schleißheim fungieren. Am 6. Mai 1684 wurde auf dem ‚Clösterlfeld‘ mit dem Abbruch der Renatuskapelle begonnen. Noch im gleichen Jahr war der Rohbau vollendet, 1688 dann das Schloß endgültig fertiggestellt. Antonio Viscardi und ab 1685 Philipp Zwerger überwachten im Auftrag Zuccallis die Bauarbeiten. Obgleich belegt ist, daß der Bau nach dem „dessein" Zuccallis aufgeführt wurde, auch Detailpläne zu den inneren Saalportalen erwähnt sind, haben sich keine eigentlichen Entwurfszeichnungen oder Baupläne erhalten. Bei den vorhandenen Grundrissen und Ansichten scheint es sich ausnahmslos um später aufgenommene, z. T. sogar ungenaue und vom ausgeführten Bau abweichende Pläne zu handeln. Auch die erhaltenen Stiche und Gemälde des 18. Jahrhunderts geben wie die Vedute von Franz Joachim Beich von 1718 wegen ihrer idealisierenden Absichten nicht den originalen Bauzustand wieder.

Schloß Lustheim stellt sich heute als freistehender, zweigeschossiger Bau über symmetrisch angelegtem, H-förmigem Grundriß dar. Seitlich des Mittelbaues sind die etwas niedrigeren Flügeltrakte um je eine Fensterachse vorgezogen. Der mittlere, dreiachsige Baublock, der den durch zwei Geschosse reichenden, rechteckigen Festsaal umfaßt, ist durch einen Dachaufsatz, das Belvedere, überhöht. Als Holzkonstruktion war es ursprünglich nicht verputzt, sondern nur durch eine farbige Fassung gegliedert. Die Walmdächer

Schloß Lustheim, Grundriß des Hauptgeschosses

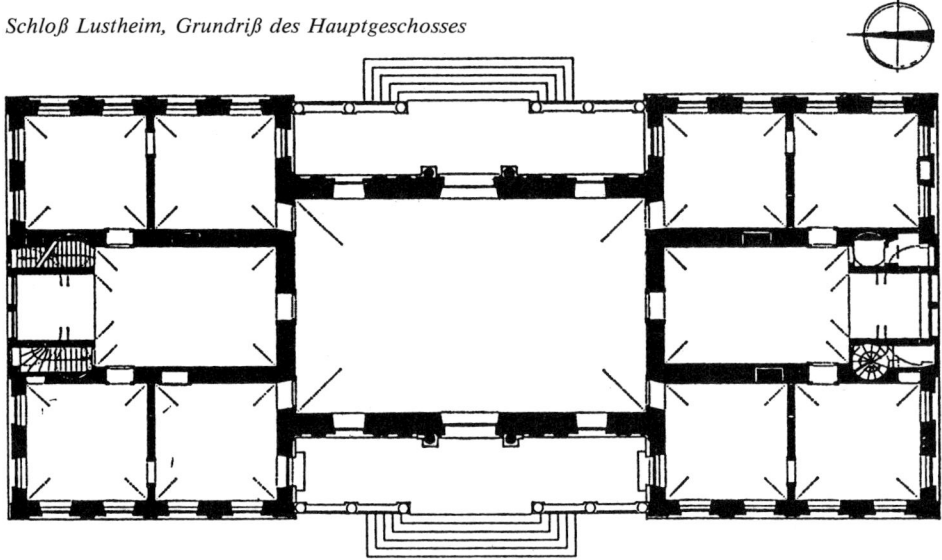

über den beiden Seitentrakten sind durch Kaminaufsätze akzentuiert und mittels querverlaufender Satteldächer mit dem Dachstuhl des Saalbaues verbunden. Die Flügelbauten umfassen in zwei Geschossen mit identischer Einteilung Wohnräume. Im Südtrakt befand sich das Appartement des Kurfürsten, im Nordflügel das der Kurfürstin. Hier liegen entlang der jeweils vier Fensterachsen nach Osten und Westen je zwei quadratische Zimmer nebeneinander und sind durch einen mittleren – in der Längsachse des Baues angelegten – Raum paarweise verbunden. Dementsprechend zeigen die schmäleren Seitenfassaden des Schlosses zwischen jeweils zwei Fensterachsen am mittleren Fassadenabschnitt eine korbbogige Einnischung, die aber bis zum Obergeschoß geschlossen ist, da hier die Innentreppen an den mittleren Längsraum anschließen. Dieser Bereich unterscheidet sich auch durch eine ungleichartige Zusammenstellung verschiedener Fensterformen (hochrechteckig, rund, vierpaßförmig) von der übrigen, wesentlich klareren Fassadengestaltung. Über der Einnischung sitzt im Dachbereich in der Breite dieses mittleren Fassadenabschnittes eine Dachgaube mit Giebel und Satteldach.

Das Kellergeschoß des Schlosses ragt über das Bodenniveau hinaus und wird über Fenster im Sockelbereich belichtet; dementsprechend liegt auch das Erdgeschoß höher. Deshalb sind an den Hauptfronten zwischen den beiden vorspringenden Seitentrakten Terrassen mit Balustraden angelegt, die über vorgelegte Treppen erreicht werden können. Sie bilden dem umbauten, geschlossenen Raum vorgelagerte, offene Freilichträume, die zwischen außen und innen vermitteln.

Die Portalvorbauten der beiden mittleren Saaleingänge, die jeweils mit einem Sprenggiebel über einer Säulenstellung ein großes Rundfenster rahmen und von einer ornamental ausgestalteten Wappenfiguration überhöht werden, bilden einen Hauptakzent der Fassadengestaltung. Gekuppelte Kolossalpilaster gliedern die Fronten des mittleren Saalbaues; sie schließen in einem kräftigen Konsolgesims mit dazwischenstuckierten, heraldischen Motiven. Die Fassaden der Seitentrakte sind lediglich mit Rahmenblenden und Lisenen über dem durch Rauhputzstreifen akzentuierten Sockel versehen. Dieser ist über die Höhe des Kellergeschosses mit Wirtschaftsräumen und der Küche hinaufgezogen. Er schließt in einem Gesimsstreifen, auf dem die hochrechteckigen, mit profilierten und geohrten Rahmungen versehenen Erdgeschoßfenster aufsitzen. Die nicht verdachten und einfach gerahmten Obergeschoßfenster an den Seitentrakten waren ursprünglich nur als quadratische Öffnungen ausgebildet; die hochrechteckigen Rahmungen, die im unteren Teil vermauert erscheinen, wurden erst nachträglich ausgeführt. Im Gegensatz dazu gaben die originalen, kleinen, quadratischen Fenster nach außen zu erkennen, daß im Unterschied zum mittleren Saalbau, wo der überwölbte Raum durch beide Geschosse reicht, bei den Seitentrakten über einem hohen, gewölbten Erdgeschoß noch ein niedrigerer, oberer Stock liegt. Die ursprünglich unterschiedliche Fenstergliederung von Saalbau und Seitentrakten entsprach damit der verschiedenen inneren Raumstruktur der jeweiligen Bauteile.

Während des Baues wurden noch andere Umplanungen vorgenommen, die die primäre Konzeption des Schlosses veränderten.[41] So waren die heute noch im oberen Teil der Seitenfassaden sichtbaren Nischen anfangs bis zum Keller durchgezogen. In den Eckzwickeln des dahinterliegenden mittleren Längsraumes verliefen enge Wendeltreppen; sie stellten die notwendige Verbindung zu den einfacheren Räumen im Obergeschoß und von da zum Dachstuhl her, über den dann das Belvedere – das für die Jagd als Aussichtsstand ge-

Schloß Lustheim, Seitenfassade

nutzt wurde – erreicht werden konnte. Die bereits ausgeführten Spindeltreppen waren dem Kurfürsten aber anscheinend nicht bequem genug, denn nach einem Besuch Max Emanuels auf der Baustelle im Frühjahr 1687 ersetzte man die gewendelten durch geradläufige Treppen. Wegen des größeren Platzbedarfes der neuen Stiegenanlagen wurden an den Seitenfassaden die Nischen im unteren Bereich aufgegeben und dafür die Treppen jeweils bis zu der neuen, fassadenbündigen Stirnwand hinausgezogen. In der Folge dieses Umbaues entstanden auch die an die inneren Längsräume anschließenden, offenen Kabinette und die darüberliegenden Galerien, weil als Treppenpodest eine Zwischendecke eingezogen werden mußte.

Am nachhaltigsten wirkte sich der Treppenumbau auf die Gestaltung der Seitenfassaden mit dem heute unbefriedigend erscheinenden Konglomerat von Fensterformen aus. In der ursprünglichen Planung mit den durchgehenden Nischen waren die Seitenansichten ebenso wie die Hauptfassaden plastisch durchgestaltet, wechselten vor- mit zurückspringenden Bauteilen. Die Nischenbildungen verdeutlichten die geometrische Grundidee des Baues, wonach sich vier gleich große, rechteckige Trakte an die Ecken des großen Saalbaues anschließen sollten. Anfangs war der Schloßgrundriß also nicht in der Form eines breiten, flachen H angelegt, sondern eher x-förmig: Der Saalbau sollte nicht als Klammer zwischen zwei Seitentrakten, sondern als Zentrum einer aus Hauptbau und vier Anbauten bestehenden Gesamtanlage aufgefaßt werden. An den Seitenfassaden betonte die Nische, daß hier

Eckflügel verbunden waren. Der dahinterliegende Raum war im Gegensatz zu den seitlich als Baukuben in Erscheinung tretenden Trakten als Zwischenraum charakterisiert. Die Nische war in der Fassadengestaltung mit gekuppelten, im Hauptgeschoß verdachten Fenstern stärker dem übrigen Bau angeglichen.

Etwa gleichzeitig mit der neuen Treppenführung und den damit verbundenen Umbauten wurden die Querdächer eingefügt, die heute die Dachstühle der Seitentrakte mit dem höherliegenden des Mittelbaues verbinden und einen überdachten Zugang zum Belvedere ermöglichen. Dies geht sowohl aus den Bauakten hervor als auch aus einem Plan Zuccallis mit einer Ansicht von Lustheim. Auf dem vor 1690 zu datierenden, sog. ältesten Schleißheimer Gartenplan[42] wird Schloß Lustheim ohne die Querdächer wiedergegeben. Hier ist die Selbständigkeit der einzelnen Baukörper und damit der Pavilloncharakter betont. Der Saaltrakt mit dem Belvedereaufsatz war so noch einmal als Gebäudezentrum akzentuiert. Die Überhöhung des Saalbaues gegenüber den Seitentrakten um das abschließende Konsolgesims wird deshalb auch erst unter Berücksichtigung des ursprünglichen Baukonzeptes plausibel. Die eigentliche Bauidee Zuccallis wurde also durch das Verlangen des Bauherrn – des Kurfürsten Max Emanuel – nach einer bequemeren Treppenführung und die nachfolgenden Umbauten stark verunklärt.

In der Gestaltung des Außenbaues zeigt sich die für Zuccalli typische Grundstruktur. An der Fassade verwendet er wieder fast ausschließlich architektonische Gliederungsmotive. Außerdem bezog er den Putz des Ziegelbaues als ergänzendes Gestaltungsmittel ein (vgl. etwa den Rauhputz an Fensterrahmen und Sockel). Die sehr flach vor die Wand gesetzten bzw. geschichteten Gliederungselemente wurden zudem gelb von der weißen Mauerfläche abgesetzt. Trotz der ausgesprochen ausgeglichenen Grundstruktur sind der reicher instru-

Sog. ältester Schleißheimer Gartenplan (Ausschnitt), Zuccalli vor 1690, (Bayerische Schlösserverwaltung, Bauamt)

mentierte Saalbau und die etwas einfacher gehaltenen Seitentrakte gegeneinander abgesetzt. Die Saalfassade wird durch korinthische Pilastergliederung, ein traditionelles Würdemotiv, und durch das vorgesetzte Portal als einzigem vollplastischen Akzent am Bau betont; ihre Gliederung entspricht einem Triumphbogenschema, was Lustheim als Siegesarchitektur des Feldherrn Max Emanuel interpretiert.

Ornament wird auch an diesem Bau sparsam und nur dort eingesetzt, wo die architektonische Gliederung schon akkumuliert: am Portalvorbau und am Konsolgesims. Das Ornament ist also mit der tektonischen Struktur des Baues verbunden, soll nicht auflösen, sondern nur Akzente setzen und inhaltliche Verweise geben: Das von Löwen gehaltene kurfürstlich-bayerische Wappen – ausgeführt von Niccolò Perti – über den Hauptportalen erinnert an den Rang des Bauherrn, das Trophäenwerk zwischen den Konsolen am Gebälk an den Feldherrn Max Emanuel.

Beim ursprünglichen Entwurf von Schloß Lustheim ging Zuccalli von einer generellen Formvorstellung aus. Grundprinzipien bei der Komposition und Anordnung des Grundrisses wie der Baukörper insgesamt und auch der Fassadenausbildung waren strenge Orthogonalität, tektonisch-logischer Aufbau und klare Formgebung. Ein Ineinanderübergehen von Bauteilen oder Einzelformen wurde grundsätzlich vermieden. Der Bau ist in hohem Maße übersichtlich und leicht faßlich, geradezu elementar. Die kubischen Baumassen sind an der Oberfläche reliefmäßig behandelt; so kann der Eindruck von großer Geschlossenheit und Festigkeit entstehen – trotz der weitgehenden Durchfensterung. Dadurch erhalten die Räume viel Licht, das die Fresken von Francesco Rosa, Giovanni Trubillio, Johann Anton Gumpp und die Scheinarchitekturmalerei des Bolognesers Antonio Bernardi in den Gewölben besonders zur Geltung bringt.[43]

Die durchgehende Ausstattung mit großflächigen Gewölbefresken ist gegenüber den zu jener Zeit üblichen, kleinteiligen Deckenfelderungen mit eingesetzten Leinwandbildern ein Novum nördlich der Alpen. Die Anlage der Räume in überschaubarer Größe mit Spiegelgewölben kam dieser Ausstattung entgegen, denn Zuccalli gestaltete die Innenräume bis auf Gesimse am Gewölbeansatz architektonisch nicht weiter aus. Sie sind tatsächlich nicht mehr als umbauter Innenraum und verhalten sich jeder Innendekoration gegenüber ausgesprochen indifferent. Die erstmals in einem Inventar 1715 beschriebene Ausstattung mit Damasttapeten, farblich dazu abgestimmten Vorhängen und entsprechendem Mobiliar – rot/grün im Appartement des Kurfürsten, gelb/blau in den Räumen der Kurfürstin – entsprach den Konventionen der Zeit. Zuccalli dürfte hier keinen direkten Einfluß genommen haben.

Da sich die vorbeschriebene Ausstattung nicht erhalten hat, gewinnt der Besucher, der heute die in Lustheim präsentierte Meißner Porzellansammlung der Stiftung Ernst Schneider aufsucht, einen direkten Eindruck vom Schloßinneren, wie es Zuccalli 1688 zunächst fertiggestellt hatte. Die Aufenthalts- und Wohnräume sind um den zentralen mittleren Saal gruppiert, ohne eine zwingende Folge der Einzelräume vorzugeben. Regulierendes Prinzip für die Grundrißgestaltung war die Symmetrie. Die Bestimmung des Festsaales ist eindeutig; den angrenzenden Räumen ist eine entsprechende eindeutige Funktion nicht zugewiesen.

Schloß Lustheim, Hauptsaal

Schloß Lustheim liegt eine Bauidee zugrunde, die von der italienischen Villa abgeleitet ist. Insbesondere Andrea Palladio hatte im 16. Jahrhundert auf dem venezianischen Festland eine formelhafte Lösung dieses Bautypus entwickelt; bei klarer Symmetrie und spiegelbildlicher Anlage der Zimmer ordnete er Raumgruppen einem zentralen Festsaal zu. Auch hier war das Keller- und Wirtschaftsgeschoß über das Bodenniveau hinausgehoben, der Bau über Freitreppen zu erreichen. Die Bestimmung von Schloß Lustheim entsprach der Nutzung der italienischen Villa als Sommeraufenthalt vor der Stadt. Das additivgruppierende Bau- und Raumsystem von Lustheim ist letztendlich den von Sebastiano Serlio in seinem Traktatwerk dargelegten Prinzipien entlehnt und hat damit seinen Ursprung in der Architektur Oberitaliens.

Schloß Lustheim ist ein ausgesprochen italienischer Bau. Dennoch schuf Zuccalli hier ohne direktes Vorbild wohl sein selbständigstes Werk, das alle typischen Elemente und Prinzipien seiner Architekturauffassung demonstriert. Lustheim ist Jagdschloß, Garten oder Lusthaus und Festbau mit schloßähnlichem Charakter (Flügel für Kurfürst und Kurfürstin) in einem. Erst nach 1700 wurden diese Bauaufgaben infolge des allgemeinen Bauaufschwunges an den absolutistischen Fürstenhöfen in den parallel dazu aufkommenden Architekturwerken beispielhaft vorgestellt und typisiert. Schloß Lustheim ist im Unterschied zu der Schöpfung des ,Lustgartengebäudes' von Johann Bernhard Fischer von Erlach[44] oder der französischen ,Maison de Plaisance' als bestimmter Bautypus noch nicht eigentlich zu fassen; darin liegt die Sonderstellung von Zuccallis Planungsidee, die er ohne alle Vorgaben, ausgenommen den speziellen Bauauftrag Max Emanuels, entwickelte. Lustheim nimmt deshalb nicht nur im künstlerischen Werk Zuccallis, sondern auch in allgemein historischer Sicht eine Schlüsselstellung ein.

Lustheim war als freistehender Einzelbau konzipiert. Doch noch während der Bauzeit wurden im Norden und im Süden des Schlosses zwei Pavillons hinzugefügt. Der südliche, noch original erhaltene wurde 1686 begonnen – auffälligerweise kurze Zeit, nachdem beim Schloßbau ein Kellergewölbe genau an der Stelle eingestürzt war, an der vormals die alte Renatuskapelle gestanden hatte, die im Zuge des Schloßneubaues abgerissen werden mußte. In dem neuen, 1688 fertiggestellten südlichen Pavillon entstand daraufhin eine wiederum dem Heiligen Renatus geweihte Kapelle. Der nördliche Pavillon mit dem ,Schönen Stall' wurde erst 1688/89 errichtet.

Beide Pavillons sind zweigeschossige Baukörper über rechteckigem Grundriß mit Walmdächern. Ihre jeweils breitere, gegen Schleißheim orientierte, siebenachsige westliche Gebäudefront weist im Erdgeschoß fünf Pfeilerarkaden auf, die sich zu einer Loggia öffnen. Über der in Rauhputz gefaßten Arkadenarchitektur befinden sich gerahmte und verdachte Fenster, während die Gebäudeflanken durch Nischen gegliedert sind. Eine wichtige Quelle für die Architektur der Lustheimer Pavillons ist die Landhausarchitektur Oberitaliens, wo besonders im 16. Jahrhundert größere und kleinere kubische Bauten mit einfachen, rustizierten Erdgeschoßloggien und durchfensterten Obergeschoßfassaden einen Grundtypus des ländlichen Bauwesens darstellten. Diese Fassadenausbildung der Palazzini und Landhäuser war auch in der Villenarchitektur verbreitet, dort allerdings reicher instrumentiert. Hiervon ist auch Serlios Ansicht der Villa Madama im dritten Buch seines Architekturwerkes abgeleitet, die deshalb aber nicht unbedingt als konkretes Vorbild für Zuccallis Lustheimer Pavillonfassaden bemüht werden muß. Die Pavillons stellen einen Grundtyp des

Gartenschlößchen des Geheimen Rates Marx von Mayr in München-Harlaching, Ansicht von Matthias Disel um 1717

Gartengebäudes dar, den Zuccalli später noch mehrfach variierte. An dieser Stelle sei deshalb auf zwei kleinere Bauten des Graubündners verwiesen.

Noch vor 1701 wurde nach seinem Entwurf ein sog. „Rekreationshaus" für den Grafen Maximilian Kajetan von Törring zu Seefeld am Pilsensee errichtet.[45] Michael Wening bildet den einfachen, rechteckigen Gartenbau ab; er war nur eingeschossig und bis auf den mittleren Teil, den ein Zwerchhaus betonte, seitlich in je fünf Arkaden in Rustikamauerwerk geöffnet.

Nach 1700 plante Zuccalli im Auftrag und auf Kosten Max Emanuels für den Geheimen Rat Marx von Mayr ein „lustgepäu" in München-Harlaching.[46] Das an den Hang gebaute, zweigeschossige Gebäude war nur zwei Fensterachsen schmal; die siebenachsige Gartenfront akzentuierten im Erdgeschoß Arkaden und im Dachbereich ein dreiachsiger, mit der Fassade bündiger Oberstock. Ein Stich von Matthias Disel vermittelt einen Eindruck von dem nicht mehr erhaltenen Schlößchen.

Die im südlichen Lustheimer Pavillon eingebaute Renatuskapelle darf in der Reihe der Sakralbauten Zuccallis nicht unerwähnt bleiben; wenn auch heute nicht allgemein zugänglich und in baulich schlechtem Zustand, so ist sie doch der einzige von Zuccalli geplante und noch weitgehend ursprünglich erhaltene Sakralraum. Die über ovalem Grundriß angelegte Kapelle mußte einem durch zwei Geschosse reichenden Rechteckraum in der linken Pavillonhälfte einbeschrieben werden. Die zwischen Oval und Rechteck verbliebenen Eckräume erschloß Zuccalli über hohe Stichbogenarkaden für den Hauptraum. Im Osten nahmen die durchfensterten Resträume die Seitenaltäre auf, während einer der westlichen als Sakristeizugang genützt wurde. Über das linke Portal in der Pavillonloggia betritt man die Kapelle. Den Kirchenraum bestimmen Kolossalpilaster vor Rücklagen; über dem stark verkröpften Gebälk überwölbt eine Flachkuppel den Raum. Sie ist mit Radialgurten versehen; die dazwischenliegenden Kuppelflächen sind rautenförmig kassettiert und mit Rosetten akzentuiert. Das ovale Kuppelfresko mit der Himmelfahrt des hl. Renatus malte Johann Anton Gumpp. Der Kapellenraum ist zweigeschossig angelegt; über den Arkadenstellungen des Erdgeschosses sind im Obergeschoß Stichbogenöffnungen mit Balustraden ausgeführt. Dahinter schließen sich an zwei Seiten der Kapelle Emporenräume an, die vom Inneren des Pavillons her zugänglich sind. Sie dienten dem Kurfürsten als Oratorien. Die Renatuskapelle war somit als Hofkapelle charakterisiert.

In der Form eines einem Rechteck einbeschriebenen Ovalraumes stellt die Kapelle eine besondere Lösung dar, die Zuccalli in Umsetzung des Ovalraumtypus italienischer Tradition – von Vignola bis Bernini – selbständig entwickelte. Weitere Ausbildung fand dieser Raumtypus in der barocken Sakralarchitektur Süddeutschlands im 18. Jahrhundert.

1695 wurde mit dem Bau der heute nicht mehr erhaltenen Galerien begonnen, die – von einem Pavillon zum anderen geführt – das Lustheimer Schloß umfangen sollten. Aus den Schleißheimer Bauakten und verschiedenen Plänen können die einzelnen Entwurfs- und Bauphasen rekonstruiert werden.[47] Eine annähernde Vorstellung von der vorgesehenen Galerieanlage vermittelt die Vedute von Franz Joachim Beich. Der Bau der Galerie schritt nur zögernd voran, war während der kaiserlichen Administration Bayerns lange unterbrochen und 1724 beim Tode Zuccallis noch nicht beendet; als Torso liegengeblieben und schlecht gebaut, verfielen die ausgeführten Teile rasch.

Die in der endgültigen Ausführung zweigeschossige Galerie wurde durch die sternförmig von Schloß Lustheim ausstrahlenden Wegachsen in vier Abschnitte geteilt. Die an die Pavillons angebauten Teilstücke waren ähnlich den Pavillonfassaden einfach gegliedert; der an den nördlichen Pavillon anschließende Trakt sollte als Orangerie genutzt werden. Die beiden mittleren, hinter dem Schloß liegenden Abschnitte, mit denen der Galeriebau begonnen wurde, hatte man aufwendiger gefaßt und mit marmorverkleideter, ausgesprochen plastischer Fassadengliederung versehen. Den erdgeschossigen Gartensälen und dem Wandelgang war eine Schaufassade vorgeblendet: Wandstücke mit Rundbogennischen und orthogonale Öffnungen mit eingestellten Säulen wechselten einander ab. Formal entsprechend bildete Zuccalli die Gartenseiten der Galerietrakte des Neuen Schlosses Schleißheim durch.

Die Pavillons und die Galerie werteten Lustheim zu einer Art Residenzanlage auf, die neben dem Schloß eine Hofkapelle, Marstall, Orangerie, Wandelgänge, Gartensäle und (fast zu) ausgedehnte Räumlichkeiten für die Unterbringung des kurfürstlichen Gefolges in den Obergeschossen der Zirkelgebäude umfaßte. Für diese Ausweitung der Lustheimer Schloßanlage ist sicherlich der Bauherr verantwortlich; zudem sollte Lustheim in dieser Form ein Gegengewicht zum gleichzeitig vorbereiteten Großobjekt des Neuen Schlosses Schleißheim bilden. Zuccalli entwickelte aus dieser Aufgabenstellung die Lustheimer Par-

Lustheim, südlicher Pavillon

terregartenanlage zu einer Platzarchitektur, bei der der mittlere Schloßbau weiterhin seiner Konzeption entsprechend als freistehender Baukubus und Mittelpunkt der Anlage betont bleiben sollte. Die Galerien fungierten als abschließende Platzwände. Die Zirkelgebäude können daher nur beschränkt mit halbrunden Gartenabschlüssen, wie den italienischen Grottenwänden in den Villengärten oder den halbrund geführten Orangeriegebäuden in den holländischen Gartenanlagen, verglichen werden. Vielmehr sollte man auch in Erinnerung an die Platzgestaltung in Altötting an Idealstadtplanungen und ideale Platzlösungen der Renaissance in Italien denken, die auch in Frankreich aufgegriffen und 1610 in der Gestaltung der Pariser Place de France als halbkreisförmiger Platzanlage mit Radialstraßen verwirklicht wurden. Mit der Place des Victoires, ebenfalls in Paris, gestaltete Jules Hardouin-Mansart 1682–1687 eine Anlage, von der sternförmig Straßenachsen ausstrahlen. Möglicherweise spiegelt sich in der Lustheimer Bauanlage ausnahmsweise ein entfernter französischer Einfluß wider – oder, was naheliegender ist, das für Frankreich und Zuccalli gemeinsame italienische Vorbild.

Zuccalli war in Lustheim und nachfolgend Schleißheim nicht nur als planender und leitender Baumeister, sondern auch als entwerfender Gartenarchitekt tätig, bis er um 1700 von französischen ‚Spezialisten' abgelöst wurde. Auf ihn gehen dabei nicht nur die ersten Parterreanlagen um Lustheim und die seit 1684 angelegten Lindenalleen zurück, die der vor 1690 datierte sog. älteste Schleißheimer Gartenplan dokumentiert; in einer ganzen Reihe weiterer Pläne zur Schleißheimer Gartenanlage[48] legte er Ausdehnung, Gesamtdisposition und Gestaltungsart des späteren Schloßgartens in den Grundzügen fest. Zuccalli war demnach auch mit der aktuellen Konzeption des geometrisch-architektonischen, durch dominante Blick- und Wegachsen organisierten Barockgartens vertraut. Auch die 1688 – noch vor dem Aufenthalt in Holland – begonnenen Arbeiten an den Kanalanlagen, die heute den Schleißheimer Schloßgarten begrenzen, wurden von Zuccalli geleitet; ursprünglich waren sie als Teil eines ausgedehnten Netzes von Wasserstraßen geplant, das Schleißheim mit der Residenzstadt wie den Schlössern Nymphenburg und Dachau verbinden sollte.

Neben dem erst in der zweiten Hälfte des 18. Jahrhunderts angelegten Mittelkanal projektierte Zuccalli um 1700 bereits den heutigen Ringkanal um Lustheim. Die dadurch geschaffene Insellage des Schlosses wurde deshalb öfter als architektonische Ausformung des literarischen Bildes der ‚île enchantée‘ oder ‚Liebesinsel Cythera‘ interpretiert, wie das kleiner dimensioniert in italienischen und französischen Gartenanlagen anzutreffen war. Diese Deutung ist aber wenig überzeugend, denn: die Hochzeit Max Emanuels mit der Kaisertochter Maria Amalia, deren Monogramm sich in den Lustheimer Deckenfresken findet, lag bei der Konzeption des Ringkanals schon über zehn Jahre zurück; damit entfällt das wesentliche Argument für diese These. Zum anderen war Max Emanuel seit 1694 in zweiter Ehe mit Therese Kunigunde vermählt. Schließlich möchte man weder für den Kurfürsten noch für Zuccalli eine Identifikation mit dem in Frankreich entwickelten Preziösentum[49] annehmen, aus der sie eine derartige Konzeption hätten entwickeln können.

Das Neue Schloß Schleißheim

Wann die Planungen Zuccallis zum Neuen Schloß in Schleißheim genau einsetzten, ist unklar. Die Gartenanlage auf dem schon mehrmals angeführten sog. ältesten Gartenplan, der Lustheim noch vor der Änderung der Dachstühle und die Pavillons nicht in der schließlich ausgeführten Form zeigt, ist bereits auf einen Bau an der Stelle des heutigen Neuen Schlosses bezogen. Der feierlichen Grundsteinlegung zur neuen Residenz am 14. April 1701, eine Woche nach der Rückkehr des Kurfürsten aus den spanischen Niederlanden, war also eine mehr als zehnjährige Planungsphase vorausgegangen. Während dieser Zeit versuchte Zuccalli in ständig neuen Entwürfen den sich rasch wandelnden Vorstellungen Max Emanuels gerecht zu werden. Die Projekte wurden immer größer und weitläufiger, so daß der realistischer denkende Bruder des Kurfürsten, Joseph Clemens, schließlich um 1700 zu bedenken gab, daß nach Aussage eines fähigen Architekten selbst bei der gewaltigen jährlichen Bausumme von 300.000 Gulden die Bauzeit für ein solches Schloß mehr als zehn Jahre betragen würde. Allein schon mit der Erwägung derart großangelegter Projekte und Idealplanungen demonstrierte der absolutistische Fürst seine wachsenden Ambitionen in Konkurrenz zu den anderen Herrschern. Dieser Aspekt ist bei einem großen Teil der Vorplanungen für Schleißheim zu berücksichtigen. Zuccalli als Hofarchitekt hatte immer wieder neue Entwürfe nach Brüssel zu leiten, mit denen sich dann Max Emanuel beschäftigte und in zahlreichen Briefen auseinandersetzte.

Zum Schleißheimer Neubauprojekt haben sich an die fünfzig Pläne von Zuccalli erhalten. Darunter befinden sich sowohl Vorplanungen als auch Ausführungs- und Änderungsentwürfe für das bis 1704 im Rohbau fertiggestellte Neue Schloß, das in seinem heutigen Umfang nur dem Haupttrakt oder Corps de Logis einer 1701 noch wesentlich größer geplanten Schloßanlage entspricht. Nach einer langen Bauunterbrechung während der österreichischen Administration Bayerns wurde der Bau dann ab 1719 durch Effner weitergeführt.

Auf die komplexe Planungs- und Baugeschichte, die in einer Reihe neuerer Einzeluntersuchungen mit z. T. widersprüchlichen Ergebnissen ausführlich diskutiert wird[50], kann hier im einzelnen nicht eingegangen werden. Einer endgültigen Klärung müßte erst die Analyse der umfangreichen, noch ungeordneten und lückenhaften Bauakten vorausgehen. Im folgenden sollen deshalb vorwiegend die Leitgedanken der Planungen Zuccallis vorgestellt und sein Anteil am bestehenden Bau veranschaulicht werden.

Die Projekte Zuccallis für Schleißheim lassen sich grob in vier verschiedene Entwurfskomplexe einteilen:

1. Umbau und Erweiterung des Alten Schlosses,
2. Neubau an der Stelle des heutigen Neuen Schlosses und Verbindung mit dem Altbau durch Galerien,
3. Erstellen einer kompakten Vierflügelanlage unter Einbeziehung des Alten Schlosses als Westflügel,
4. Abbruch des Alten Schlosses und Neubau einer Drei- bzw. Vierflügelanlage mit großem Vorhof, um den Wirtschaftsgebäude und Stallungen gruppiert sind.

Die frühen Entwürfe, zu denen insbesondere Umbauprojekte des Alten Schlosses zu zählen sind, orientieren sich stark an Lustheim. Sie zeichnen sich durch die Gruppierung von Baukörpern im mittleren Bereich und die additive Anfügung von Längstrakten mit Galerien und Eckpavillos aus. Die Pläne dokumentieren den Versuch, einen an und für sich kompakten, in sich abgeschlossenen Baukomplex, wie Zuccalli ihn mit Schloß Lustheim entwickelt hatte, durch Anfügen von Seitentrakten auf die erforderliche Länge zu bringen, die von der Breite des projektierten Schloßgartens vorgegeben war. Bei der Fassadengliederung griff Zuccalli ebenfalls deutlich auf das Aufrißsystem von Lustheim zurück. Ein Entwurf mit der Gartenansicht des Neuen Schlosses[51] belegt, daß Zuccalli in diesem Planungsstadium bestrebt war, die von ihm in Lustheim ausgearbeitete Lösung der Bauaufgabe ‚Schloßarchitektur‘ eigenständig weiterzubilden. Der mittlere Baukörper gleicht hier im unteren Teil bis zur Höhe der seitlich anschließenden Trakte dem ursprünglichen Aufriß von Lustheim. Das Ganze ist um ein weiteres Stockwerk erhöht; der zurückgesetzte, breite Mittelteil ist zusätzlich durch einen übergiebelten, fassadenbündigen Dachstock betont und wirkt trotz der reicheren Instrumentierung der seitlichen Fronten dominant. Auf diese Weise transponierte Zuccalli die Stilelemente des villenartigen Gartenschlosses Lustheim auf ein Residenzschloß; er erreichte dies durch geschoßmäßigen Ausbau und die größere Geschlossenheit der Fassaden durch lange Fronten, die von der gleichförmigen Reihung der Fensterachsen geprägt sind. Interessant ist, daß dieses früh anzusetzende Projekt zum Neuen Schloß in seiner Höhen- und Breitenerstreckung dem heutigen Bau bereits sehr nahe kommt; das ausgeführte Schloß weist gegen den Garten seitlich des elfachsigen, dreigeschossigen Mittelbaues achtachsige Rücklagen und fünfachsige, vorspringende Ecktrakte auf, an die sich noch Galerien und äußere Pavillons anschließen.

Andere Planungen deuten auf eine stärkere Auseinandersetzung mit besonders vorbild-

lich erscheinenden, aktuellen Bauvorhaben hin. Dazu gehören die Entwürfe für ein Schloß mit quer- bzw. längsovalem Mittelsaal. Eines dieser sog. Ovalbauprojekte[52], die nur in Grundrissen dokumentiert sind, lehnt sich mit der zwischen den Seitenflügeln vor den Saalbau gelegten, konkav und konvex geschwungenen Fassadenlinie offensichtlich an Berninis erstes Projekt für die Ostfassade des Louvre in Paris (1664) an. Obgleich dieser Entwurf Berninis weder verwirklicht noch als Stich publiziert wurde, erlangte er allgemein modellhafte Bedeutung für die Entwicklung der europäischen Barockarchitektur. Ein direkter Rückgriff Zuccallis auf Bernini scheint deshalb nach Altötting auch für Schleißheim naheliegend.

Seit den neunziger Jahren orientierte sich Zuccalli aber nicht mehr ausschließlich an italienischen Vorbildern. Einflüsse der Wiener Barockarchitektur, vor allem der Fischer von Erlachs, treten auf. Besonders die achssymmetrisch um einen Ovalsaal angelegten Projekte für Schleißheim ähneln dem Typus des ,Lustgartengebäudes', wie ihn Fischer von Erlach entwickelt hatte. Das von ihm entworfene Bauschema – zentraler, ummantelter Ovalsaal mit seitlich angegliederten, vorgezogenen Baukuben und halbkreisförmiger Einnischung an den Seitenfassaden – entsprach sowohl von der Dimension als auch von der Funktion her einem Bau wie Lustheim. Bei der Formulierung seines ,Lustgartengebäudes' konnte sich Fischer sowohl auf Berninis Projekt für den Louvre beziehen als auch auf Rom. Dort hatte nämlich bald nach 1680 speziell das ,Lustgartengebäude' seine charakteristische Ausbildung erfahren, und zwar im Einflußbereich der Accademia di S. Luca, die jährlich Architekturwettbewerbe ausschrieb.[53] Offen ist, ob Zuccalli diese Interpretation des ,Lustgartengebäudes' schon 1684 beim Bau von Schloß Lustheim kannte, oder ob er sie erst über Wien kennenlernte, wo Fischer von Erlach nach 1687 seine Vorstellung von einem Lustgartengebäude in entsprechenden Aufträgen verwirklichte. Für die letztgenannte Annahme

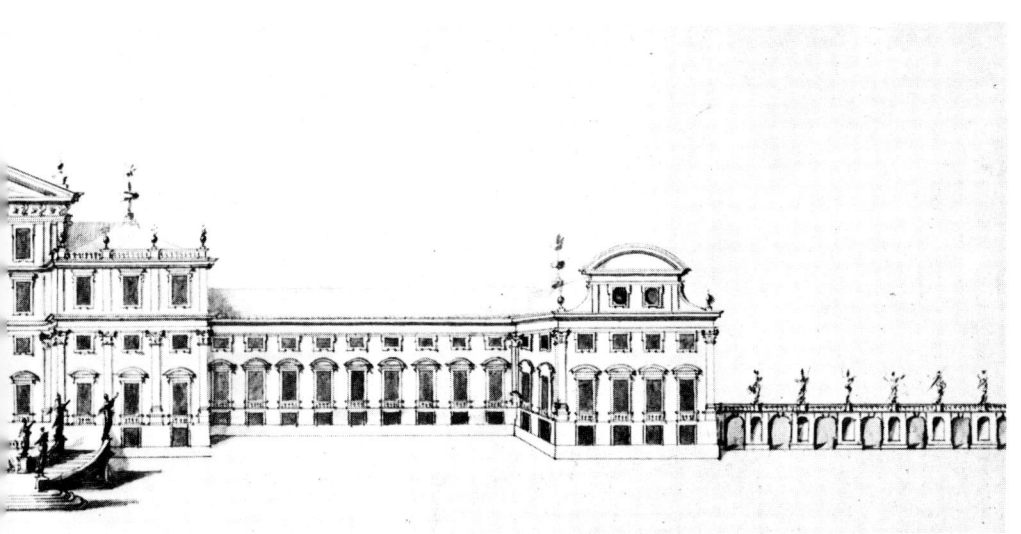

Früher Entwurf Zuccallis für das Neue Schloß Schleißheim, Gartenansicht, (BayHStA, PlS 8261)

Ovalbauprojekt Zuccallis für Schleißheim (Ausschnitt), (BayHStA, PlS 8282)

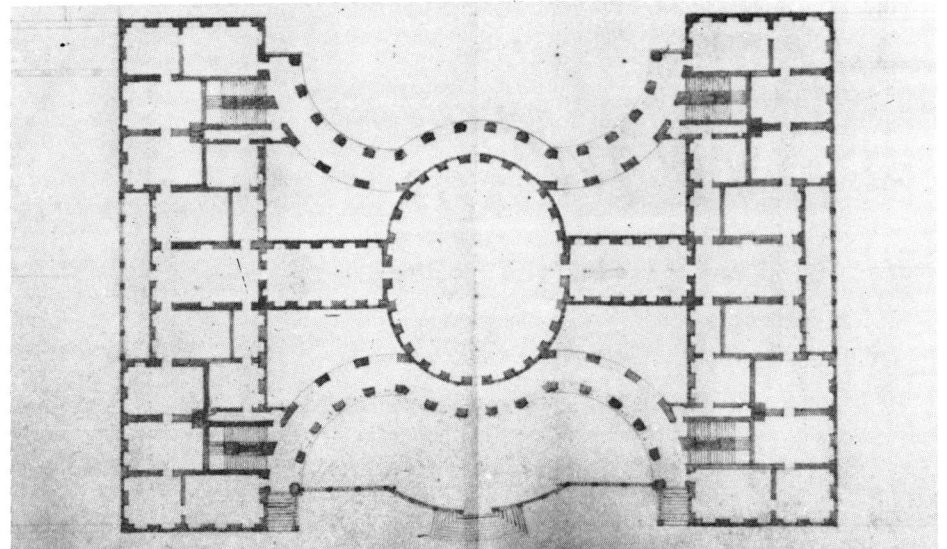

Projekt Zuccallis für das Schloß Schleißheim, Schnitt durch Nord- und Südflügel der Hofanlage mit Blick auf die Fassade des Ostflügels, vor 1702, (BayHStA, PlS 8262)

spricht, daß Zuccalli die Idee so spät direkt aufgriff, nämlich erst nach dem Bau von Lustheim. Im nachhinein wollte er das Schema des ‚Lustgartengebäudes' auf das Schleißheimer Schloß übertragen, obwohl es hinsichtlich seiner Größenordnung und anders gearteten Nutzung für einen Residenzbau nicht anwendbar war. Um wenigstens annähernd die für das Neue Schloß angestrebten Ausmaße zu erreichen, projektierte Zuccalli ein überdimensionales Lustgartengebäude, dessen bautechnische Bewältigung, zumindest die auf dem Plan angegebene Form des riesigen Ovalsaales, nicht gesichert erscheint.

Auch für große Drei- oder Vierflügelanlagen in Schleißheim legte Zuccalli verschiedene Varianten in Grund- und Aufrissen vor. Einer dieser Pläne[54], ein Schnitt durch Nord- und Südflügel der Hofanlage mit Blick auf die Fassade des Ostflügels, zeigt im Gegensatz zu den stark an der Baukörperlichkeit Lustheims ausgerichteten, früheren Entwürfen eine wesentlich kompaktere, stärker fassadenmäßig geschlossene Lösung. Das Hauptgeschoß mit den Repräsentationsräumen ist nun über dem eineinhalb Geschosse aufnehmenden Sockelunterbau mit seinem hohen Arkadengang am Hof und der mittleren fünfbogigen Durchfahrtshalle zum Garten angelegt. Die neue Disposition mag eine Antwort auf die seit 1696 nach Entwürfen Fischers von Erlach erbaute Wiener Kaiserresidenz, Schloß Schönbrunn, sein. Aber bereits in Lustheim und den ersten Entwürfen für Schleißheim finden sich eine große, eineinhalb Geschosse zusammenfassende, korinthische Säulenordnung, ein durch Lisenen gegliederter Dachstock und das bekrönende Belvedere grundsätzlich ausgeführt und vorgebildet. Das betonte Gegeneinandersetzen sehr ähnlicher Grundstrukturen bei der Fassadengestaltung von Schloß Lustheim ist nun allerdings durch das Prinzip gleichförmiger Reihung ersetzt, um mit dessen Hilfe die langen Gebäudefronten der Residenzanlage zu gliedern.

Eine Grundrißvariante der großen Vierflügelanlagen[55] zeigt den Umfang des Gesamtprojektes. An die Stelle des Alten Schlosses sollte eine Durchgangsarchitektur treten, vor der ein riesiger Vorhof mit zirkelförmig angelegten Stallungen – in weiteren Projekten sind sie noch ausgedehnter – und einer Pferdeschwemme im Zentrum vorgesehen war. Andere Planungen Zuccallis zeigen weiter östlich sogar eine Menagerieanlage über ovalem Grundriß, die von gewaltigen Bastionen mit Wassergräben umgeben werden sollte und für

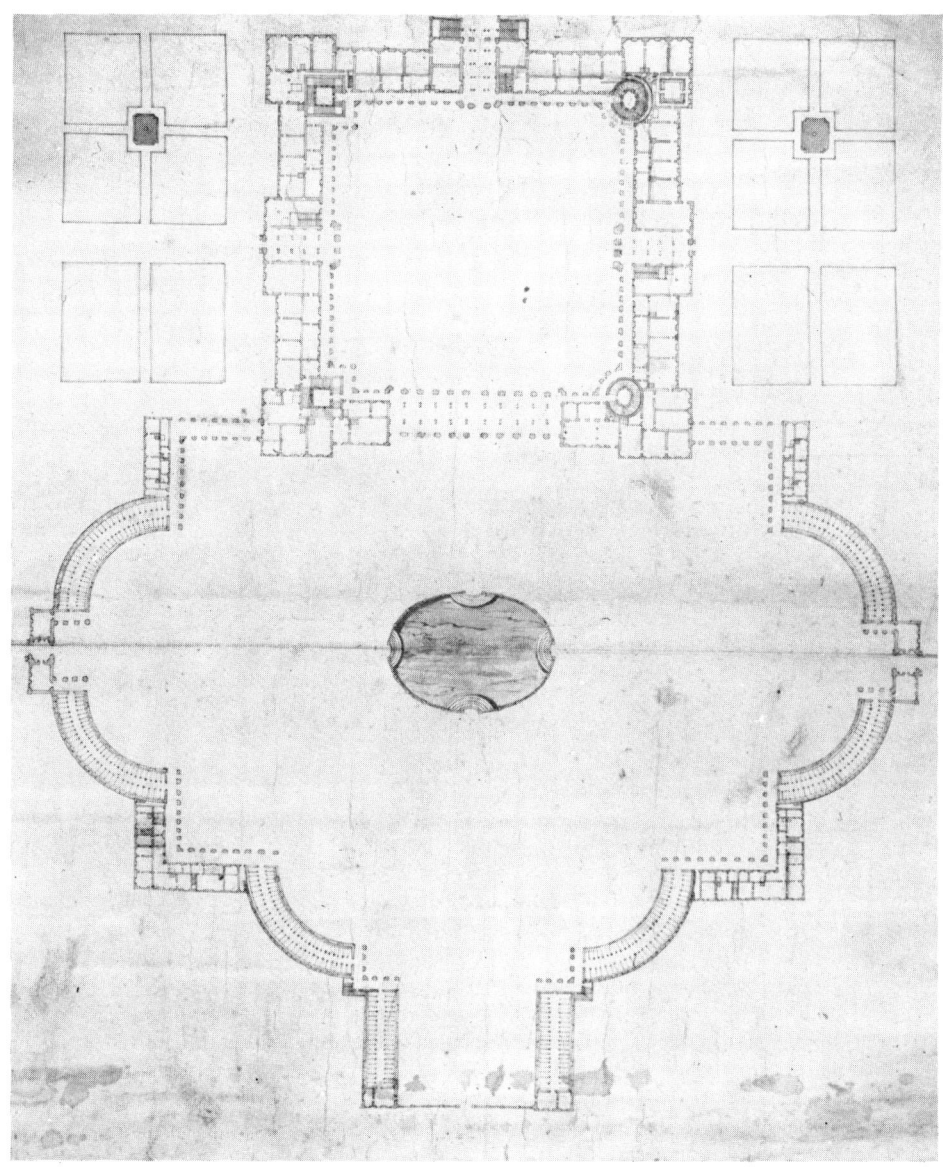

Projekt Zuccallis für eine Vierflügelanlage in Schleißheim, (BayHStA, PlS 8267)

Neues Schloß Schleißheim, Ansicht der westlichen Eingangsfassade des Corps de Logis

Jagden auf wilde Tiere oder für militärische Übungen gedacht war. Die Schloßanlage selbst umschließt auf dem vorgenannten Entwurf einen Arkadenhof, die Haupttreppen verlaufen in zwei Ausführungsalternativen an den Ecken der Hoftrakte, entsprechend Berninis Louvreprojekt. In diesen Bauvorschlägen, die um 1700 entstanden, setzte sich Zuccalli intensiv mit der Raumdisposition auseinander, die aber noch nicht befriedigend ausfiel. Joseph Clemens, der Bruder des Bauherrn, kritisierte an diesen Plänen Zuccallis vor allem die Lage der Haupttreppen; Besucher des Schlosses erblickten zuallererst die Treppen; diese sollten deshalb nicht so ungünstig liegen und zu weit von den Hauptrepräsentationsräumen und Wohnappartements entfernt sein. Beim Ausführungsprojekt verlegte Zuccalli die Treppenhäuser dann zu seiten des mittleren Haupteinganges.

Durch Baubefunde kann im Vergleich mit den Plänen der 1701 ausgeführte Entwurf und der von Zuccalli bis zur Bauunterbrechung 1704 realisierte Bauzustand des Neuen Schlosses rekonstruiert werden; es waren das mittlere Corps de Logis im Rohbau erstellt, die Fun-

Neues Schloß Schleißheim, Ansicht der östlichen Gartenfassade des Corps de Logis

damente zur anschließenden südlichen Galerie gelegt und der südliche äußere Pavillon nahezu aufgeführt.

Das bestehende Schloß bietet an der West- oder Eingangsfassade eine gerade Front dar, an die sich äußere, niedrigere Galerietrakte mit Eckpavillons anschließen. Am Mitteltrakt, der durch einen Dachstock überhöht ist, sind die mittleren fünf der elf Fensterachsen durch eine flache Risalitbildung hervorgehoben. Das hohe Sockelgeschoß der Vorentwürfe wurde aufgegeben, die große Pilastergliederung ist auf den ‚Boden‘ gestellt; sie faßt Erd-, Halb- und Hauptgeschoß zusammen. Die Gartenfassade ist plastischer durchgestaltet. Auf beiden Seiten des Mitteltraktes sind Rücklagen ausgebildet, der Dachstock ist zurückgesetzt, so daß über der gartenseitigen Galerie im Obergeschoß eine Terrasse entsteht.

Bis auf den Mittelstock ist die Fassadengliederung an der Ost- und Westseite in ihrer typischen Übereinanderstellung der bei Zuccalli üblichen Fenstermotive unverändert geblieben. Das obere Mezzaningeschoß ist dabei nicht in die Gesamterscheinung der

Fassadengestaltung einbezogen; über dem durch Konsolen kräftig vortretenden, plastisch durchgestalteten, abschließenden Kranzgesims wirkt es als hinter die eigentliche Fassade zurückgesetzer Kniestock.

Nicht im Originalzustand präsentiert sich die Eingangsseite des Mittelstockes; hier ist die Fassadenstruktur Zuccallis nur in der dekorativen Überarbeitung Effners überliefert. Später wurde die Westfassade unter König Ludwig I. (1825–1848) durch Leo von Klenze (1784–1864) ihrer ornamentalen Ausgestaltung entkleidet. Dabei kam der Architekt des Klassizismus, der die hinzugefügten „schlechten Verzierungen" kritisierte, zwar der Konzeption Zuccallis entgegen, reduzierte aber – aus einem ganz anderen Architekturverständnis heraus – doch so weitgehend, daß nicht von einer wesensverwandten ‚Rekonstruktion' des Zuccallibaues gesprochen werden kann. Nach Kriegszerstörungen wurde die Westfassade wieder in der Fassung Effners restauriert. Da Zuccalli immer in sich geschlossene und isolierte Einzelformen gegeneinandersetzte und Stuckornament nie als verbindendes Element benützte, sind die Ergänzungen Effners leicht zu erkennen. Zugleich wird hier der grundsätzliche Unterschied zwischen der streng tektonischen Fassadenauffassung Zuccallis und der optisch-dekorativen Art Effners sichtbar. An der Westfassade sind die ornamentalen Verschleifungen der Geschosse im Bereich der ovalen Fenster- bzw. Nischenöffnungen des Mezzaningeschosses Zutaten Effners.

Ein von Zuccalli signiertes Schaubild aus der Zeit um 1703/04[56], das noch eine Dreiflügelanlage zeigt, kann zum Vergleich herangezogen werden. Im Unterschied zum heutigen Bestand besitzt der Bau auf dem Schaubild auch die geplanten Dachgauben über jeder zweiten Fensterachse der Seitentrakte. Der mittlere Dachstock sollte ursprünglich einfacher, nur mit Lisenen gegliedert werden; der fünfachsige Risalit – später am Dachstock dreiachsig ausgeführt – ist durch einen Giebel zusätzlich betont. Die perspektivisch ausgebildeten Archivolten der Rundbogenfenster am Dachstock sind ebenfalls Zuccalli zuzuschreiben; sie finden sich z. B. auch auf seinen Entwürfen für die Universität in Ingolstadt. Vergleichbares war am Palazzo Barberini in Rom vorgegeben, der 1633 von Bernini fertiggestellt wurde. Durch die einheitliche Gliederung mit Rundbogenöffnungen setzte Zuccalli den Mitteltrakt effektvoll gegen die bündig anschließenden Fassaden der Seitentrakte ab.

An der Garten- oder Ostfassade ging Effner in seinen auf eine gewisse Vereinheitlichung

Entwurf Zuccallis zum Neuen Schloß Schleißheim (Ausschnitt), Ansicht der Westfassade, um 1703/04, (BayHStA, PlS 8254)

Entwurf Zuccallis zum Neuen Schloß Schleißheim (Ausschnitt), Ansicht der Gartenfassade, nach 1702, (Bayerische Schlösserverwaltung, Bauamt).

abzielenden Eingriffen weiter als auf der Eingangsseite. Von ihm stammen die Umrahmungen und die Verdachung der hohen Rundbogenfenster im Erdgeschoß. Zuccalli hatte hier an den fünf mittleren Achsen ungerahmte Rundbogenöffnungen mit eingestellten Säulen vorgesehen, die nicht verglast werden sollten, um einen direkten Zugang zum Gartensaal zu ermöglichen. Die drei seitlichen Achsen des Erdgeschosses waren entsprechend den übrigen Trakten mit hochrechteckigen, verdachten und darüberliegenden kleinen Mezzaninfenstern konzipiert; dies erbrachte eine Untersuchung des Mauerwerks in diesem Bereich. Ein Aufriß der Gartenfassade[57] gibt die von Zuccalli geplante Fassadengliederung wieder. In der Durchgestaltung des Oberstockes unterscheidet sich dieser Fassadenplan aber grundsätzlich vom heutigen Bauzustand. Der Dachstock ist hier nur fünf Achsen breit und durch einen turmartigen Aufbau überhöht. Baubefunde belegen, daß der Dachstock tatsächlich ursprünglich nicht breiter angelegt war und erst nachträglich, aber noch während der ersten Bauphase vor 1704, verbreitert wurde.[58] Da er aber hinter der Figurenbalustrade zurückgesetzt gezeichnet ist, muß der Fassadenaufriß nach dem 29. Juli 1702 entstanden sein. An diesem Tag – der Rohbau war schon weitgehend fertiggestellt und der Dachstuhl teilweise aufgesetzt – stürzte nämlich der Mittelteil der Gartenfassade ein. Verursacht wurde dieses Bauunglück durch ungenügende Fundamentierung, Abgrabung des Geländes im Zusammenhang mit der Anlage des Gartenparterres vor dem Schloß und

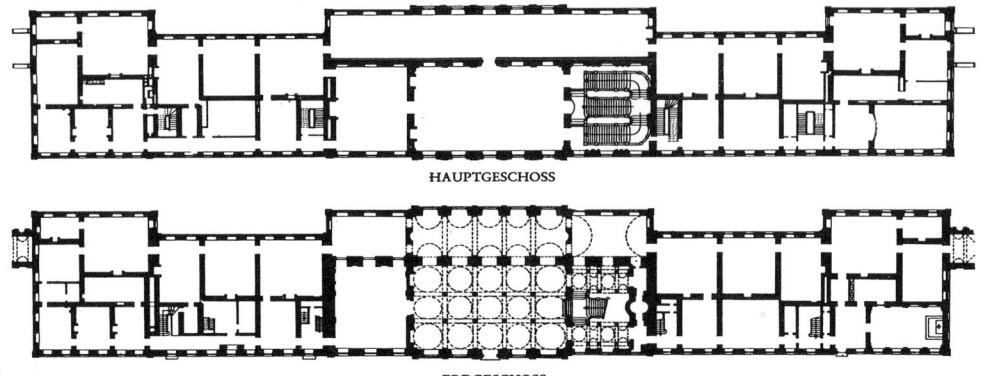

HAUPTGESCHOSS

ERDGESCHOSS

Neues Schloß Schleißheim, Grundriß   *Neues Schloß Schleißheim, Treppenhaus* ▷

unsachgemäße Maurerarbeit. Infolge einer übertriebenen Forcierung der Bauarbeiten konnte der Mörtel am aufgeführten Mauerwerk nicht mehr ausreichend trocknen und abbinden. Die nach dem Einsturz eingesetzte Baukommission, der auch der vormalige Salzburger Baumeister Johann Kaspar von Zuccalli angehörte, schlug daraufhin vor, beim Wiederaufbau die Fassadenwand zu entlasten, den Oberstock zurückzuversetzen und gleichzeitig die nunmehr tragende Wand zwischen Gartensaal und westlicher Eingangshalle zu verstärken. Der Einsturz brachte also keine generelle Neuplanung, wohl aber eine erneute Modifizierung des Projektes mit sich.

Im Zuge der damaligen Umplanungen veränderte Zuccalli dann auch noch einmal Lage und Führung der Haupttreppen. 1701, bei Baubeginn, hatte er seitlich der Eingangshalle je ein Treppenhaus mit einer Treppenführung in West-Ost-Richtung geplant. Nun drehte er die dreiläufigen Anlagen um 90 Grad und verlegte sie in Nord-Süd-Richtung. Erst damit war ein folgerichtiger, dem höfischen Zeremoniell entsprechender Aufgang und ein logischer Raumzusammenhang geschaffen: Von der Eingangsvorhalle gelangte man über das Treppenhaus – nur das südliche wurde realisiert – als Auftakt in den großen, über zwei Geschosse sich erstreckenden Festsaal und von dort in den anschließenden Viktoriensaal (Speisesaal) sowie in die gartenseitig gelegene, lange Galerie. An diese im zentralen Mittelstock vereinigten Prunkräume schlossen sich seitlich in einer Hof- und Gartenfilade der Flügelbauten die Wohnräume des Kurfürsten und der Kurfürstin an; sie waren durch eigene Nebentreppen – auch für die Dienerschaft – erreichbar. Damit entsprach das Neue Schloß Schleißheim in der Grundrißdisposition und dem geschlossenen äußeren Erscheinungsbild den Ansprüchen einer Residenz.

Die Ausführung des Treppenhauses übertrug man später Effner, obgleich Zuccalli noch im Januar 1723 mit den Steinmetzen einen entsprechenden Vertrag abgeschlossen hatte. Dennoch versicherte Max Emanuel Zuccalli, daß die Stiege seine ‚Invention‘ sei und die Seele des Schleißheimer Baues darstelle. Tatsächlich ausgeführt wurde sie schließlich erst 1847/48 durch Leo von Klenze.

Die Planungs- und Baugeschichte der Schleißheimer Schloßanlage zeigt, daß für das heutige Neue Schloß zu Beginn weder ein bestimmtes Baukonzept noch eine konkrete Entwurfsidee vorlagen. Zuccalli fand erst langsam zur endgültigen Form des Residenzbaues, der ein Torso geblieben ist. Am Großprojekt Schleißheim werden trotz eines gewissen Ideenreichtums auch die Grenzen von Zuccallis architektonischem Vermögen deutlich: Ein Mangel an Disposition und Überblick bei der Planung ist unübersehbar. Zuccalli ist Praktiker in einem ganz besonderen Sinne des Wortes; erst während des Bauvorganges überdenkt und löst er Einzelprobleme, etwa die endgültige Dachkonstruktion. Auch mußte die Baukommission Zuccalli 1702 eigens darauf hinweisen, die großen Räume nicht massiv zu überwölben. Mit dem Neuen Schloß in Schleißheim gelang Zuccalli dennoch die Gestaltung eines Großbaues mit eindrucksvoller Schaufront. An dessen Innenausstattung – unter der Leitung Effners von vorwiegend französisch geschulten Hofkünstlern ausgeführt; mit Deckenfresken von Asam und Amigoni – hatte Zuccalli jedoch keinen Anteil mehr.

Das Schloß in Bonn – Residenz für den Fürstbischof von Köln

Kurz nach 1690 war Zuccalli zum ersten Mal für den jüngeren Bruder Max Emanuels, Joseph Clemens, tätig. In seinem Auftrag entwarf er eine befestigte Bauanlage beim Lustschloß Josephsburg in Berg am Laim bei München. Dafür hatte Zuccalli mehrere Entwürfe und Modelle angefertigt; schließlich wurde nur eine reduzierte Fassung verwirklicht, die auf einem Stich Michael Wenings von 1701 überliefert ist. Danach handelte es sich um eine einfache, eingeschossige Anlage mit zwei seitlichen, höheren Pavillons inmitten mächtiger Bastionen. Einer der Pavillons enthielt eine schlichte, rechteckige Kapelle.[59]

Mitte der neunziger Jahre wandte sich der Fürstbischof neuerlich an Zuccalli, den er im Zusammenhang mit den späteren Entwürfen für Schleißheim trotz erheblicher Kritik als einen der fähigsten Architekten seiner Zeit bezeichnete; diesmal erhielt Zuccalli den Auftrag, das 1689 durch brandenburgische Truppen zerstörte alte Schloß in Bonn zu erweitern und umzubauen. Während die Planungen Zuccallis[60] 1696 schon abgeschlossen waren, mußte die unter der Leitung Rivas stehende Ausführung 1702 wegen kriegerischer Ereignisse vorläufig eingestellt werden.

Der West- und der Nordflügel des Schlosses, die weitgehend erhalten geblieben waren, wurden 1695/96 wiederhergestellt. Der eigentliche Neubau betraf den langen, ehemals gegen die Stadtmauer gelegenen Südflügel. Damit schloß Zuccalli den Baukomplex zu einer Vierflügelanlage. Zuccalli entwarf die Südansicht als neunundzwanzigachsige, ungegliederte Front mit der für ihn charakteristischen Fensteranordnung und einem fünfachsigen, mittleren Dachstock, flankiert von höheren, turmartig aufgefaßten Eckbauten. Die Ostseite war als dreiflügeliger Ehrenhof ausgebildet. Den mittleren Teil der Eingangsfassade sollte nach der Planung Zuccallis ein dreiachsiger Dachstock mit turmartigem Aufbau akzentuieren. Hier ist die Fassade durch Halbsäulen, Rundbogen- und Ovalfenster am Hauptgeschoß reich gegliedert. Sie verweist bereits auf das Schleißheimer Corps de Logis, aber auch auf den ab 1702 durchgeführten Umbau von Schloß Nymphenburg.

Bonn, ehem. Schloß, Südansicht

66

Die 1702 unterbrochenen Arbeiten am Schloßbau konnten 1715 wieder aufgenommen werden. Robert de Cotte überarbeitete und erweiterte nun den Bau Zuccallis. Ein Brand zerstörte 1777 große Teile der Schloßanlage, so auch die 1698–1700 von Zuccalli konzipierte, dann von de Cotte umgestaltete Hofkapelle. Weitgehend erhalten blieben vom Zuccallibau nur ein Teil des später ergänzten, großen Arkadenhofes und der Südtrakt. Heute fehlen hier der mittlere Dachstock und das Konsolgesims. Das ursprüngliche Mansarddach wurde durch ein Satteldach ersetzt. Die am Erdgeschoß vorgeblendete, rustizierte Arkatur und die Säulenstellung im Mittelbereich gehen wie die Nische mit der ‚Regina Pacis‘ auf de Cotte zurück.

Das Bonner Schloß stellt sich nach dem Entwurf Zuccallis als kaum strukturierte Anlage ohne besondere künstlerische Höhepunkte dar. Ein Grund für die ausgesprochen schlichte Ausführung mag die permanente Geldverlegenheit des Bauherrn gewesen sein. Eine andere Ursache für die relativ altertümliche Ausbildung des Schlosses als Vierflügelanlage mit Ecktürmen und lediglich angedeutetem Ehrenhof mag darin gelegen haben, daß die noch vorhandene Bausubstanz einbezogen werden mußte.

Umgestaltung und Erweiterung von Schloß Nymphenburg

Zuccalli war bei Schloß Nymphenburg an den ersten beiden Bauphasen beteiligt.

In der ersten (1674–1676) führte er den von dem Entwerfer der Theatinerkirche, Agostino Barelli, begonnenen heutigen Kernbau, der ursprünglich als würfelförmiger, fünfgeschossiger und freistehender Baublock errichtet wurde, ohne große Veränderungen ab 1674 zu Ende.

1701, nach der Rückkehr Max Emanuels aus den spanischen Niederlanden, wurde gleichzeitig mit dem Baubeginn in Schleißheim auch eine Erweiterung Nymphenburgs beschlossen. Mit der Planung beauftragte man Zuccalli; die Ausführung lag in den Händen Viscardis.

Am bereits bestehenden Bau wurden zur besseren Belichtung des Hauptsaales ab 1702 auf beiden Seiten im ersten und zweiten Obergeschoß jeweils drei große Rundbogenöffnungen herausgebrochen. In der Höhe des dritten Obergeschosses ließ Zuccalli außerdem je drei annähernd runde Ovalfenster einsetzen. Die heutige der Stadt zugewandte Fassade ist nicht original; sie gibt, wie in Schleißheim, einen nach 1715 durch Effner veränderten Zustand wieder. Effner ergänzte die Pilastergliederung, formte die Rundfenster des dritten Geschosses zu flachen Ovalen und fügte die Stuckornamentik hinzu. Die von Zuccalli belassenen vier Achsen zu beiden Seiten der neuen Gliederung des Mittelteiles wurden von Effner zugunsten einer dreiachsigen Lösung aufgegeben, die er durch Verbreiterung der verbliebenen Achsen erreichte. Der Eindruck der Fassade nach Zuccallis und Viscardis Umbau war prinzipiell ähnlich dem heutigen, aber weniger stark zusammengefaßt, einfacher, nur auf eine besondere Betonung des mittleren Abschnittes, der der Breite des dahinterliegenden Hauptsaales entsprach, ausgerichtet. Auf diese Weise wurde die fast monotone Erscheinung des Barellibaues mit der völlig einheitlich durchlaufenden Fenstergestaltung überwunden.

Bei der Erweiterung des Schlosses suchte Zuccalli den neugestalteten Altbau zu bewah-

Schloß Nymphenburg, Ansicht von Michael Wening um 1700

ren. Er vergrößerte ihn daher nicht durch Ausbauten, sondern verbreiterte ihn durch lockeres Anfügen von zwei übereck gestaffelten, niedrigeren Pavillons, die durch schmale Verbindungsgänge über einer Arkadenarchitektur mit dem Kernbau verbunden wurden. Gleichzeitig entstand dadurch stadtseitig ein Ehrenhof. Die abgestufte Addition einzelner Baukörper entspricht einem schon in Lustheim artikulierten Bauprinzip Zuccallis. Direktes Vorbild für Nymphenburg mag aber die vergleichbare, aus Pavillonbauten gefügte Schloßanlage von Het Loo gewesen sein, die Zuccalli in Holland kennengelernt hatte.

Nach zwei in Paris erhaltenen Plänen[61], die den damaligen Bauzustand Nymphenburgs dokumentieren, war gartenseitig zwischen den südlichen Pavillons eine große Hofanlage mit Stallung und einem Bad (?) geplant, die aber Projekt blieb.

Im Gegensatz zu den Pariser Plänen steht eine weitere Planzeichnung Zuccallis für Nymphenburg[62]; sie belegt den Entwurf für eine neue, gartenseitige Treppenanlage am Mittelpavillon, die die gesamte Breite des Gebäudes einnehmen sollte. Zu seiten der Altane über einer Säulenarkatur vor den drei Rundbogenöffnungen des Hauptsaales schlug Zuccalli rechts eine Freitreppe – ähnlich der heutigen, stadtseitigen Anlage – vor, links aber als Alternative einen dreigeschossigen Vorbau mit Innentreppe, der in Höhe des dritten Obergeschosses in einer Terrasse mit Balustrade schließt. Vergleichbare vorgebaute Treppenhäuser hatte Zuccalli schon an der Gartenseite des Neuen Schlosses in Schleißheim

projektiert[63]. Auffallend ist, daß er bei dem Fassadenentwurf für Nymphenburg beiderseits der drei mittleren Rundbogenöffnungen nicht mehr vier, sondern bereits die von Effner schließlich ausgeführten drei Fensterachsen vorsah. Die Treppenanlage wurde nicht verwirklicht.

In der Bauphase von 1701 bis 1705 wird Viscardi eine maßgebliche Rolle gespielt haben, denn Zuccalli war zu der Zeit durch den Schleißheimer Bau stark in Anspruch genommen und arbeitete aus persönlichen Gründen sicher nicht besonders eng mit Viscardi in Nymphenburg zusammen. Die Lisenengliederung der Pavillons zwischen den Fensterachsen, die nach den oben genannten Pariser Plänen auch am Kernbau vorgesehen war und die Baukörper uniform stark vertikalisierte, dürfte Viscardis Einfluß zuzuschreiben sein.

Planungen für den Grafen Dominik Andreas von Kaunitz

Daß Zuccalli auch in Wien und Mähren gebaut hat, konnte erst in jüngerer Zeit nachgewiesen werden.[64] Auftraggeber war der aus mährischem Landadel stammende spätere Reichsvizekanzler, Graf Dominik Andreas von Kaunitz, dessen politischer und gesellschaftlicher Aufstieg eng mit dem Münchner Hof verbunden war. 1682 kam er erstmals als kaiserlicher Gesandter nach München. Bis 1686 hielt sich Kaunitz regelmäßig in München auf. Ein letztes Mal weilte er hier von Dezember 1688 bis Mai 1689. Spätestens zu diesem Zeitpunkt beauftragte er den Münchner Hofbaumeister mit der Umbauplanung seines Landsitzes Austerlitz (Slavkov) in Mähren und dem Neubau seines Stadtpalais' in Wien. Im Zuge der gesellschaftlichen Entwicklung im Zeitalter des Absolutismus wandelte sich der Landadel zum Hofadel. Das Stadtpalais wurde noch vor dem Landsitz zum bedeutenden Repräsentationsfaktor. Weiterhin garantierte aber der Familiensitz in Austerlitz durch die Erträge aus der Grundherrschaft die politische Karriere am Hof.

Zuccallis Architektur, insbesondere das eben vollendete Lustheim, kannte Kaunitz aus eigener Anschauung. Außerdem war er selbst in Italien gewesen, hatte auch Rom gesehen; italienische Bauten bestimmten seine Kenntnis von Architektur. Zuccalli, dessen Entwürfe explizit italienischen Charakter trugen, mußten Kaunitz' Vorstellungen vom Bauen in besonderem Maße entsprechen.

Das alte Wasserschloß in Austerlitz, ein Renaissancebau, stellte sich als unregelmäßige Vierkantanlage mit annähernd rechteckigem Arkadenhof und mittelalterlichem Turm auf hohen Substruktionen dar. Die burgartige Anlage hatte eher einen wehrhaften, denn einen schloßähnlichen Charakter. Kaunitz beabsichtigte zunächst wohl nur einen Umbau von begrenztem Ausmaß, eine Modernisierung, die vor allem den besonders unregelmäßigen Osttrakt umfassen sollte.

Planzeichnungen für das Umbauprojekt in Austerlitz, die teilweise von Zuccalli signiert sind, fanden sich in Mailand unter den Entwürfen des seit 1690 in Wien tätigen italienischen Architekten Domenico Martinelli (1650–1718); er war es auch, der schließlich ab 1695 für eine nachfolgende Umgestaltung großangelegte Neubaupläne für Schloß Austerlitz entwarf. Im Gegensatz dazu kamen Zuccallis Entwürfe nicht zur Ausführung. Dieser

Schloß Nymphenburg, Stadtseite

Entwurf Zuccallis für die Ostfassade von Schloß Austerlitz um 1688, (Mailand, Castel Sforzesco, Racc. Martinelli tom II, 2)

hatte neben einer Begradigung des der Stadt zugewandten Osttraktes, der die Wohn- und Empfangsräume mit dem großen Saal im Hauptgeschoß aufnehmen sollte, einen Hof mit ausgedehnten Stallungen nördlich des Schloßkomplexes und im Westen auf der Bastion eine Gartenanlage geplant; daran sollte sich ein etwas tiefer gelegener Orangerieplatz mit einem Gartenhaus anschließen, das auf dem entsprechenden Grundrißplan allerdings nur als rechteckiger Baukörper eingezeichnet ist. Zuccalli versuchte nicht, die Gesamtanlage zu systematisieren und den Schloßbau und die Umgebung, besonders den Garten, achsial aufeinander zu beziehen. Allein die stadtseitige, auf den balustradengesäumten Vorplatz ausgerichtete, als repräsentative Schaufront ausgebildete Ostfassade weist eine bedeutendere architektonische Ausgestaltung auf. Der wehrhafte Charakter des Landsitzes blieb erhalten. Ein gewölbter Durchgang jenseits des Burggrabens bildete auch noch nach der geplanten Umgestaltung durch Zuccalli den Hauptzugang zum Schloßhof. Beabsichtigt war also nicht – wie nach 1731 schließlich ausgeführt – die Vierflügelanlage an der Ostseite zu öffnen und damit eine Ehrenhofanlage auszubilden; Zuccalli strebte vielmehr eine Fassadenschauwand, eine Palastfassade an.

Insofern sind auch die auffallenden stilistischen Übereinstimmungen mit der Fassade des Wiener Stadtpalais' Kaunitz (seit 1694 Liechtenstein), das Zuccalli etwa gleichzeitig entwarf, zu erklären. 1689 hatte Kaunitz seinen Besitz in Wien durch einen letzten Grundstückskauf abgerundet. Ob Zuccalli selbst das Baugelände in Austerlitz und Wien begutachtete – dafür würde die genaue Kenntnis der jeweiligen Situation bei der Entwurfsplanung sprechen – ober ob ihm sein Pallier Riva, der 1688 in Wien auftauchte, die entsprechenden Unterlagen nach München übermittelte, ist nicht bekannt. Pläne Zuccallis zum Stadtpalais des Grafen Kaunitz haben sich ebenfalls unter Entwürfen Martinellis in Lucca und Mailand gefunden.[65] In der Nachfolge Zuccallis hatte Martinelli 1692 die Bauleitung des schon bis zum Traufgesims emporgeführten Stadtpalais' übernommen. Korrekturen waren aber nur noch bei der Fassadengestaltung und beim Innenausbau möglich. Obgleich die Fassade des heute noch bestehenden Wiener Baues in ihrer Grundstruktur auf Zuccalli zurückgeht, veranschaulicht doch allein Zuccallis Fassadenentwurf seine ursprüngliche Intention.

Beide Fassaden, Austerlitz und Wien, zitieren die ab 1664 nach Entwürfen Berninis ausgeführte Fassade des (nur in veränderter Form erhaltenen) Palazzo Chigi-Odescalchi gegenüber SS. Apostoli in Rom, die um diese Zeit bereits in Stichwerken verbreitet war. Wieder fand Zuccalli, zum ersten Mal mit der Bauaufgabe ‚Palastfassade' konfrontiert, bei Bernini das adäquate Vorbild. Beeinflußt hat ihn das Grundschema der römischen Fassade. Ein mittlerer Risalit, der über dem als Sockel behandelten Erdgeschoß durch Kolossalpilaster über zwei volle Geschosse gegliedert ist, überragt die seitlichen Trakte um das abschließende Konsolgesims, das von einer mit Figuren besetzten Balustrade bekrönt wird. Die Seitentrakte sind geschoßmäßig gleich aufgebaut, aber schlichter gehalten und rustiziert; sie werden nur durch ein unteres Stockwerksgesims und die einfachen, verdachten Fenster gegliedert. Das mittlere Hauptportal war durch einen Säulenvorbau akzentuiert, der zugleich einen Balkon für die darüberliegende Fenstertüre abgab. Dieses Prinzip der großen Ordnung des Mittelrisalites und einer reliefmäßig durchgebildeten, stark körperhaft begriffenen, dreiteiligen Fassade, bei der die Seiten gegen den Mittelteil deutlich abgesetzt sind, variierte Zuccalli zunächst bei seinem Entwurf für Austerlitz.

Fassadenentwurf Zuccallis für das Stadtpalais Kaunitz-Liechtenstein in Wien, (Lucca Privatsammlung)

Rom, Palazzo Chigi-Odescalchi, Gianlorenzo Bernini 1664 ff., Stich von Specchi

Der hier durch den fortifikatorischen Charakter der vorhandenen Bausubstanz vorgegebene Sockelbereich ist – wie in Lustheim – bis zum Fenstergesims des Hauptgeschosses hochgezogen. In der Mitte ist der fünfachsig ausgebildete Risalit über die Traufhöhe der seitlichen, durch Rahmenblenden gegliederten Flanken hinaufgeschoben. Da sich der zentrale große Saal im zweiten Obergeschoß befinden und um ein halbes Geschoß höher als die seitlichen Räume angelegt werden sollte, ist der Konsolfries unterhalb der direkt vom Palazzo Chigi-Odescalchi übernommenen Figurenbalustrade durchfenstert. Eine vergleichbare Raumkomposition bedingte auch bei der Planung für das Wiener Stadtpalais die Ausbildung des Konsolfrieses am Mittelrisalit zum durchfensterten Kniestock. Im Gegensatz zu Berninis römischer Fassade ist hier an den Flanken noch ein Mezzaningeschoß aufgesetzt. Der Mittelrisalit wird nur mehr durch die Balustrade über dem durchlaufenden Dachgesims überhöht. Die Fensterausformung richtet sich dagegen weitgehend nach dem römischen Vorbild. Die Fensterädikulen im Obergeschoß des Risalites zeigen allerdings mit den seitlich angesetzten Konsolen, die Fensterbank und Giebelverdachung stützen, eine für Zuccalli typische Form; sie tauchen später auch in Schleißheim und an den Ettaler Klostertrakten auf. Auch die in Wien über den Mittelrisalit und die Portalarchitektur hinweggeführte Strukturierung des Erdgeschosses als Sockelbereich durch Bandrustika imitierende Rauhputzstreifen ist seit Lustheim charakteristisch für Zuccalli. Selbst in den Supraporten der Seitenportale offenbart sich die zeitliche Nähe des Wiener Palaisentwurfes zu Lustheim. Die Kartuschen gleichen denen an den inneren Saalportalen in Lustheim, die nachweislich nach einem ,Visier' Zuccallis gefertigt wurden.

In Austerlitz strebte Zuccalli, besonders durch die Überhöhung des Mittelrisalites gegenüber den Seitenflügeln, eine stark körperhafte Fassadendurchbildung an, die eine Gruppierung von Baukörpern anschaulich macht; dagegen ist die Wiener Palastfassade durch die Aufstockung der Seitenflügel, die nur durch die einfache Gliederung und die Rustizierung gegen den flachen Mittelrisalit abgesetzt sind, stärker zu einer Front zusammengebunden. Dies entsprach, im Gegensatz zum freistehenden Landschloß in Austerlitz, eher dem Charakter eines in eine städtebauliche Situation eingebundenen Palaisbaues. Das durchgehend ausgebildete Sockelgeschoß betont dies zusätzlich. Die Dominanz und Eigenständigkeit des siebenachsigen Mittelrisalites bei Berninis römischem Palast gegenüber den dreiachsigen, wie angefügt wirkenden, rustizierten Flanken sind bei Zuccalli schon durch das Verhältnis von fünfachsigem Mittelrisalit zu vierachsigen Seiten zurückgenommen. Flanken und Risalit sind bei Zuccallis Wiener Palast wesentlich enger aufeinander bezogen, als dies bei der betonten Gegensätzlichkeit der Berninifassade der Fall ist. Zuccallis Fassade wirkt dadurch weniger dynamisch-plastisch, dafür mehr ausgewogen-flächig. Der Mittelrisalit ist vergleichsweise stärker vertikalisiert, nur mehr Akzent der Gesamtfassade. Zuccalli übernahm zwar wesentliche Elemente von Berninis Palazzo Chigi-Odescalchi, deutete sie aber entsprechend der konkreten Bauaufgabe um und stattete sie mit dem ihm eigenen Formenrepertoire aus.

Durch die Aufträge des Grafen Kaunitz gewann Zuccalli erstmals über die Grenzen der Wittelsbacher Kurfürstentümer hinaus Einfluß; dieser liegt in der allgemeinen entwicklungsgeschichtlichen Bedeutung seiner Wiener Palastfassade begründet. Es war Zuccalli, der das später immer wieder zitierte römische Fassadenschema Berninis zuerst nach Wien vermittelte, und nicht Fischer von Erlach, der wiederholt seine Ausbildung bei Bernini hervorhob. Der Graubündner gab mit der Fassade des Stadtpalais Kaunitz-Liechtenstein einen entscheidenden Impuls für die unmittelbar danach einsetzende Reihe der großen Wiener Palastbauten. Dennoch sollte man dieses Faktum nicht überbewerten. Nach Wien kam Zuccalli, der ja auch in Bayern durch seine an Bernini orientierten Entwürfe Eindruck machte, gerade im rechten Augenblick, um etwas Neues einführen zu können. Auf Dauer hätte er sich weder gegen Martinelli noch Fischer von Erlach oder Lukas von Hildebrandt behaupten können; sie verstanden es in höherem Maße als Zuccalli, aus einem veränderten, auch theoretisch begründeten Architekturverständnis heraus, Vorbilder in neuen Gesamtzusammenhängen aufgehen zu lassen. Dennoch zeigt die Wiener Palastfassade, daß Zuccalli in der zweiten Hälfte des 17. Jahrhunderts, da römisch-barocke Baukonzeptionen nördlich der Alpen eine erste selbständige Umbildung und Adaption erfuhren, eine führende Rolle in der Barockarchitektur zukommt.

Palaisbauten in München

Die Palastbauten Zuccallis in München sind bis auf das Palais Portia nicht mehr erhalten. Alle anderen lassen sich nur durch entsprechende schriftliche Quellen nachweisen und an Hand von zeitgenössischen Stichen veranschaulichen.

Philipp Zwerger, der Pallier Zuccallis (!) in München, zählte 1702 in einem Schreiben eine Reihe von Palästen auf, die er während der Abwesenheit des Kurfürsten in der Stadt ausgeführt habe.[66] Da sich Max Emanuel vom 5. März 1692 bis 7. April 1701 als Statthalter in den spanischen Niederladen aufhielt, kann der Entstehungszeitraum der fraglichen Pa-

75

Fassadenriß Zuccallis zum Palais Portia in München, (BayHStA, PlS 8292)

München, Palais Portia ▷

läste auf diese neun Jahre eingegrenzt werden. Es fehlen aber genaue Baudaten, die eine Chronologie der Palaisbauten zuließen. Auch ermöglicht die Besitzgeschichte der jeweiligen Häuser meist nur eine ungefähre Datierung nach Kaufverträgen oder ähnlichem.

Da Zuccalli gerade in den neunziger Jahren mehrfach längere Zeit in Brüssel verbrachte und mit einer ganzen Reihe anderer Bauvorhaben beschäftigt war, muß Zwerger ein nicht unbedeutender Anteil an Zuccallis Münchner Palaisbauten eingeräumt werden. Für Entwurf und Planung der von Zwerger genannten Palastbauten dürfte aber allein Zuccalli verantwortlich sein. Zwei Argumente sprechen dafür: Zwerger bekundete unzweideutig, die besagten Palais (nur) ausgeführt zu haben. Außerdem war der Adel daran interessiert, seine Stadtresidenzen vom kurfürstlichen Hofbaumeister projektieren zu lassen.

Ansichten der Paläste finden sich in dem Stichwerk Johann Stridbecks d. J., dem ‚Theatrum der vornehmsten Kirchen, Clöster, Pallast und Gebeude in Churf. Residentzstadt München‘, das ohne weiteren erklärenden Text spätestens im Jahre 1700, jedoch nicht vor 1697 in Augsburg erstmals erschien. Auch wenn Stridbeck oft die Höhenverhältnisse der Bauten übergroß darstellt und enge Platzverhältnisse weitet, können die Gebäude und ihre Fassadengestaltung als ziemlich getreue Abbilder der Paläste gelten.

Zuccallis herausragendster Palastbau in München ist das in veränderter Form noch erhaltene Palais Portia, vormals Fugger, in der Kardinal-Faulhaber-Straße Nr. 12. Für den 1693 begonnenen Bau haben sich Entwürfe Zuccallis erhalten, auf die hier nur zusammenfassend eingegangen werden kann: etliche Grundrisse, ein Längsschnitt und ein Fassadenriß[67].

In dem Fassadenentwurf klingt noch die Konzeption des Wiener Palais Kaunitz-Liechtenstein an; die Parallelen sind allerdings nur von sehr allgemeiner Natur, der Formenapparat ist reduziert. Schon durch die geringeren Dimensionen – der Bau ist an der Straßenfront gerade noch sieben Achsen breit – mußte Zuccalli die große Form der ‚römischen‘ Wiener Fassade in München weitgehend zurücknehmen. Die Geschoßaufteilung, auch Details wie die Behandlung des Sockelgeschosses, Fensterformen, der Portalvorbau und das Kranzgesims entsprechen zwar weitgehend dem Wiener Bau, auf eine durch die große Ordnung ausgezeichnete, über die Flanken erhöhte Risalitbildung hat Zuccalli nun aber zugunsten einer flächigen Fassadenwirkung verzichtet. Die große, korinthische Pilasterordnung, die die zwei Hauptgeschosse zusammenfaßt, ist nur noch artikulierende Gliederung: Sie betont die Gebäudekanten und grenzt die drei mittleren Fensterachsen gegen die seitlichen ab. Nach dem etwa um 1693 zu datierenden[68] Fassadenriß Zuccallis sollte der Mittelteil durch einen dreiachsigen, fassadenbündigen Dachstock mit Giebelbekrönung überhöht werden; seitliche Zwerchhäuser hätten ihn ergänzt. Die Vertikale wurde damit bestimmend; das schmale Grundstück sollte effektiv genutzt werden. Die Dachaufsätze wurden nie ausgeführt. Auch ein Dachstock mit Walmdach, den Zuccalli gemäß dem überlieferten Längsschnitt[69] konzipiert hatte, um den mittleren Hauptsaal im zweiten Obergeschoß durch eineinhalb Geschosse führen zu können, wurde nicht verwirklicht.

Zuccalli paßte sich bei seinem Fassadenentwurf bodenständigen Baugewohnheiten an. Die geplanten Giebelhäuser, vor allem aber Dach- oder Oberstöcke, die Zuccalli selbst beim Residenzbau in Schleißheim vorsah und auch sonst immer wieder projektierte, sind solche traditionellen Bauformen. Auch die ausgeführte Nische für die Hausmadonna über dem mittleren Hauptgeschoßfenster entsprach einem Münchner Brauch. Die verputzte Fassade war ursprünglich stark farbig in einer marmorierten Fassung gehalten[70], was einer einfarbigen, durch Hausteinteile ergänzten italienisch-römischen Fassade diametral entgegensteht. Die Detailformen der Fassadengestaltung nach Zuccallis Entwurf aber sind italienisch – in jener typischen Umformung, die in seinem Werk immer wieder begegnet.

Ein Vergleich von Zuccallis Fassadenaufriß mit der heutigen – nach Kriegszerstörung wiederhergestellten – Fassade, die nach 1731 durch Cuvilliés d. Ä. überarbeitete wurde, zeigt, daß dieser lediglich eine nachträgliche, ergänzende, ausgesprochen zurückhaltende ornamentale Ausgestaltung vorgenommen hat, ohne die Bausubstanz zu verändern. Die plastisch durchgestalteten architektonischen Gliederungsmotive Zuccallis, die der Fassade eine klare Ordnung geben, blieben bestimmend. Die geplanten Fensterverdachungen des Erdgeschosses fehlen heute; an die Stelle des noch 1731 angebrachten Balkongitters über dem Hauptportal hatte Zuccalli eine schwere Marmorbalustrade gesetzt. Trotz dieser verschiedenen Eingriffe bestimmt die Konzeption Zuccallis nach wie vor die Wirkung der Fassade.

Die zahlreichen Grundrisse zum Palais Portia geben einen beispielhaften Einblick in die Grunddisposition einer solchen Palaisanlage. Zuccalli war ein schmales, tiefes Grundstück mit Altbestand vorgegeben. Sowohl die Straßenfront als auch der hintere Abschluß des Grundstückes verliefen schräg. Bestehende Bausubstanz berücksichtigte Zuccalli nur in den Hauptzügen. Das straßenseitige Vordergebäude nahm die Wohn- und Repräsentationsräume und ein großes Treppenhaus seitlich der mittleren, die ganze Gebäudetiefe durch-

München, Palais Au, Stich von Johann Stridbeck d. J. um 1700

messenden Eingangshalle auf; letztere war als Durchfahrt zum Innenhof angelegt. Im Rückgebäude lag im Erdgeschoß neben der Stallung die große Küche, im Obergeschoß dagegen eine durch zwei Geschosse reichende, einfache Hauskapelle mit Empore. Vorder- und Rückgebäude waren durch zwei schmale, den Innenhof seitlich rahmende Trakte verbunden. Hinter dem Rückgebäude konnte wegen der unregelmäßig verlaufenden Grundstücksgrenze noch eine Art schmaler, trapezartiger Hof angelegt werden, der von einer massiven Mauer begrenzt wurde, die in Höhe des ersten Geschosses als balustradengesäumter Umgang ausgebildet werden sollte. Ein mittlerer Durchgang im Rückgebäude vom inneren zum äußeren Hof gab den Blick auf eine von Säulen flankierte Brunnennische frei; ein ausgesprochen italienisches Motiv.

Die Raumordnung in den einzelnen Stockwerken, das Fehlen einer wirklichen Raumfolge, die relative Isolierung der Haupttreppe durch Ausbildung eines eigenen Treppenhauses und der im zweiten Obergeschoß geplante, hohe Hauptsaal entsprachen nicht den Wohnansprüchen und Konventionen, die der französische Palaisbau um diese Zeit bereits propagierte und vorbildhaft entwickelte. In diesem Sinne war das Palais Portia ein sehr italienischer, für seine Zeit schon fast altertümlicher Bau, obgleich Zuccalli damit in München das Stadtpalais als besonderen Bautyp erst einführte. Entscheidend war letztlich die Wirkung der nach außen gekehrten Fassade.

Ein anderer, Zuccalli zuzuschreibender, früher anzusetzender Stadtpalast war das nach 1678 errichtete sog. Palais Au. Es kann als Beispiel für einen einfacheren Palaistyp gelten, den auch die von Zuccalli konzipierten und von Zwerger benannten Paläste Törring (erbaut

München, Palais Törring-Seefeld, Stich von Johann Stridbeck d. J. um 1700

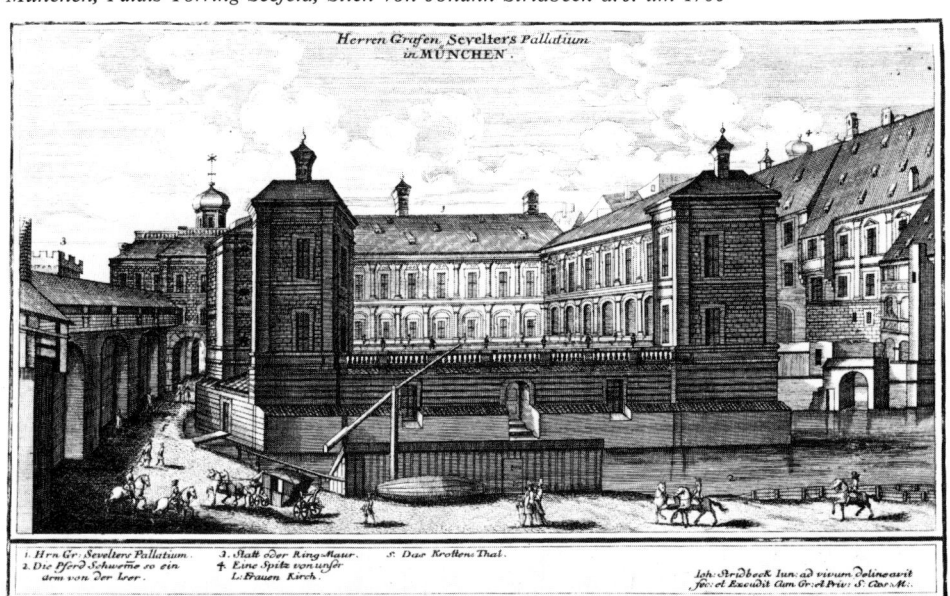

,Prospect der Schwabinger Gassen' mit Palais Ladislaus Törring und Palais Wahl, Stich von Johann Stridbeck d. J. um 1700

nach 1695) und Thürheim (erbaut 1698) repräsentierten. Strenger Stockwerksaufbau durch horizontale Gesimsbänder, Betonung eines Sockelgeschosses, geschoßweise Pilastergliederung und einfach gerahmte oder verdachte Fenster sind kennzeichnend für diesen Typ von Bauten, die durch additive Reihung der Einzelmotive sowohl in der Breite als auch in der Höhe beliebig erweiterungs- und ausbaufähig waren. Ein Portalvorbau mit einem Sprenggiebel war üblich; beim Palais Au wurde zusätzlich ein schmaler, nur eine Fensterachse breiter Risalit, den ein Zwerchhaus im Dachbereich akzentuierte, ergänzt. Diese ‚einfachen' Palaisbauten wurden Vorbild für eine größere Zahl ähnlich gestalteter Gebäude, die von städtischen Baumeistern einzeln oder in ganzen Häuserzeilen – wie auf Stridbecks ‚Prospect zwischen der Carmeliter Kirch und dem Salz-Stadel' (Promenadenplatz) – errichtet wurden und das Stadtbild nicht unwesentlich mitbestimmten. Es wäre übertrieben, daraus eine von Zuccalli initiierte, stereotype Palastarchitektur ableiten zu wollen, besonders weil er selbst weitere, eher unkonventionelle Bauten erstellte.

Bei der Anlage des von Stridbeck abgebildeten Palais Törring-Seefeld nach 1692 war Zuccalli sowohl durch alten Baubestand als auch durch die spezifische Lage des Baukomplexes zwischen Stadtmauer und Roßschwemme in seiner Planungsfreiheit eingeschränkt. Ferner mußte ein angrenzender Stadtturm, den der Graf erworben hatte, in das Planungskonzept einbezogen werden. Zuccalli entwickelte schließlich eine weitläufige Dreiflügelanlage, die gegen die Roßschwemme durch eine Stützmauer zwischen den turmartig ausgebildeten, eingerückten Eckbauten der Seitenflügel abgegrenzt war; die Stützmauer nutzte

Zuccalli als Basis einer Terrasse mit Figurenbalustrade. Gegenüber den rustizierten, mit kräftigen Ecklisenen akzentuierten Wandflächen an der Außenseite entfaltete sich im Hofbereich eine zweigeschossige, durch Fensterrahmungen und Pilaster reicher artikulierte Fassadenarchitektur.

Ganz anders löste Zuccalli nach 1694 einen vergleichbaren Auftrag für das Palais des Grafen Ladislaus von Törring, wo der vom Bauherrn erworbene Muggenthalerturm (später La-Rosée-Turm) in den Neubau integriert werden sollte. Die Stadt verband die Genehmigung des Bauvorhabens mit der Auflage, den Tordurchgangsbogen nicht zu verändern. Zuccalli behandelte daraufhin den Turm als Seitentrakt eines dreiteiligen Gebäudes, dessen niedriger Mittelteil von zwei Trakten in der Höhe des Turmes flankiert wurde. Der Palast überragte die umstehenden Bauten, was zu Beschwerden führte. Zuccalli gelang es, durch die dem Palais Törring-Seefeld vergleichbare Gestaltung der Wandfläche mit flacher Rustikagliederung und Lisenen dem Baukomplex einen einigermaßen einheitlichen Eindruck zu verleihen.

Unweit davon entstand nach 1692 das Palais für den Grafen von der Wahl, dessen Familie zu den einflußreichsten am Münchner Hof zählte. Vom Bauvolumen her war der Palast dem Palais Portia vergleichbar. Nach der Beschreibung von Richard Paulus besaß das Palais zwei innere Höfe mit ausgedehnten Stallungen im hinteren Bereich und eine Hauskapelle mit reichem Stuckzierat. Die von Stridbeck überlieferte Fassade an der Schwabinger Gasse (heute Residenzstraße) zeigt eine bei Zuccalli durchaus übliche Ausformung der Fensterädikulen und ihre geschoßweise Anordnung, sowie einen Portalvorbau mit Balustrade. Ungewöhnlich erscheint die streng in der Fläche gehaltene Fassade bei gleichzeitig weit auskragendem Kranzgesims. Vorbild war offensichtlich der ab 1534 in Rom erbaute Palazzo Farnese, ein gewaltiger Block mit einer Fassadenbreite von 60 und einer Höhe von 30 Metern, der zu den imposantesten Palästen Roms zählt. Der schon in den Abmessungen kaum vergleichbare Münchner Palast ist außerdem in die Straßenfront eingebunden, kann also nicht so sehr als Baukörper in Erscheinung treten. Deshalb wirkt das ausladende Kranzgesims über der Fassadenwand, die an ihrer Oberfläche gleichmäßig gegliedert und strukturiert ist, nicht aber als Mauermasse in Erscheinung treten kann, eher unmotiviert und ist leicht als Zitat zu erkennen. Offensichtlich war es der Wunsch des Auftraggebers, sich gerade durch diesen Rückbezug von der üblichen Palastgestaltung abzusetzen. So kommt dieses Motiv bei Zuccallis Münchener Palaisbauten nur hier vor und ist auch nirgendwo anders variiert.

Das Kloster der Englischen Fräulein in München und das kurfürstliche Jagdschloß Lichtenberg am Lech

Im Jahre 1690 stiftete Kurfürst Max Emanuel den seit 1627 in München ansässigen Englischen Fräulein eine Summe von 40.000 Gulden zur Errichtung eines neuen Klosterbaues. Die Englischen Fräulein unterhielten eine Art Mädcheninternat und leisteten damit, wie der Aufklärer Lorenz Westenrieder noch 1782 betonte, der Stadt gute Dienste. Der Bau wurde vom damaligen kurfürstlichen Generalbaudirektor von der Wahl geleitet, der in Vertretung des in Brüssel residierenden Kurfürsten als Bauherr fungierte. Die Planung wurde

München, Kloster der Englischen Fräulein, Ansicht von Michael Wening um 1700

Zuccalli anvertraut, die Bauleitung übernahm wieder Philipp Zwerger. Ein großes Grundstück zwischen Gruftgäßl (heute Landschaftsstraße), Weinstraße, Dienerstraße und Schrammergäßl – das entspricht einem Teil des heutigen Marienhofes – sollte bebaut werden. Später beklagten sich die Englischen Fräulein, Graf von der Wahl habe den Bau zu aufwendig begonnen, so daß schließlich die vom Kurfürsten gespendeten Gelder bei weitem nicht ausgereicht hätten und sie ihrerseits ansehnliche Summen zuschießen mußten.

Michael Wening hat den mächtigen Baukomplex in einem Stich von 1701 überliefert. Nach der Säkularisation wurde die Anlage zur Polizeidirektion umgebaut, im Zweiten Weltkrieg dann aber völlig zerstört. Bauaufnahmen aus dem frühen 19. Jahrhundert überliefern die einstige Raumeinteilung, die allerdings ohne besondere Gestaltungsabsicht nur entsprechend dem geforderten Raumbedarf vorgenommen worden war. Innerhalb des östlichen Gebäudeflügels des Klosters war eine Hauskapelle mit Oratorien untergebracht, ein orthogonaler Raum mit rechteckigem, tonnengewölbtem Eingangsbereich und ovaler Kuppel. Auch auf dem Stich von Michael Wening ist die Lage dieser Kapelle an der rückwärtigen Gebäudeecke durch den volutengestützten Glockenstuhlaufbau und den die übrigen Trakte überragenden Dachstuhl zu erkennen. Die Fassaden sind ausgesprochen schlicht ge-

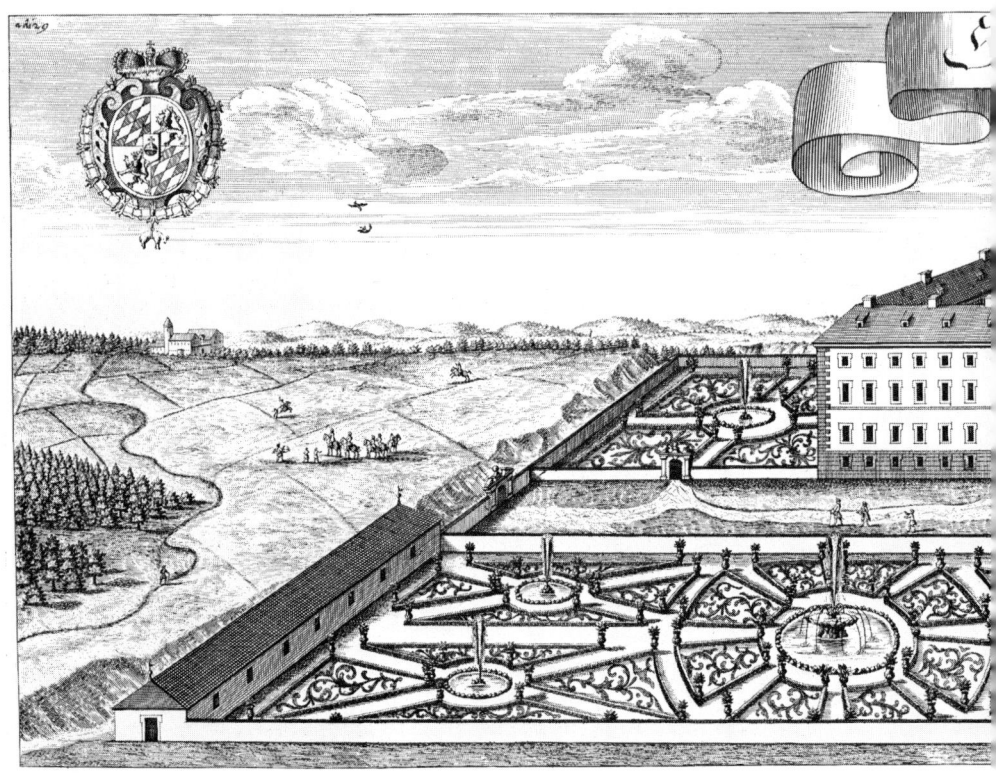

halten: ein als Sockel in Rauhputz gegliedertes Erdgeschoß, ein glatt verputztes Hauptgeschoß und Mezzanin mit einfach gerahmten Fenstern. An der Eingangsfront entlang der
Weinstraße ist der mittlere durch Lisenen ausgegrenzte Fassadenabschnitt mit dem an Lustheim erinnernden Hauptportal durch einen mächtigen, dreiachsigen Dachstock mit Walmdach und Aufsatz betont. Dieser Oberstock mit dem quadratischen, volutenbesetzten
Aufbau und der turmartigen Bekrönung ist nicht durch die innere Raumanordnung bedingt, denn über dem Mezzaningeschoß war ein größerer Saalraum funktional wenig sinnvoll. Vielmehr ,ersetzte' dieser ,Turm' den früheren ,Nudelturm', der im Zuge des
Neubauvorhabens abgerissen werden mußte; die Stadt hatte dies beim Klosterneubau zur
Bedingung gemacht.

Besonderes Interesse gewinnt der zwar umfangreiche, aber wenig aufwendig gestaltete
Klosterbau erst im Vergleich zu dem gleichzeitig ab 1691 durch Zuccalli wiederaufgebauten
kurfürstlichen Schloß Lichtenberg am Lech, das ebenfalls Michael Wening in einem Stich
überliefert. Der alte Vierkantbau, ein Landsitz der Wittelsbacher, den Max Emanuel häu-

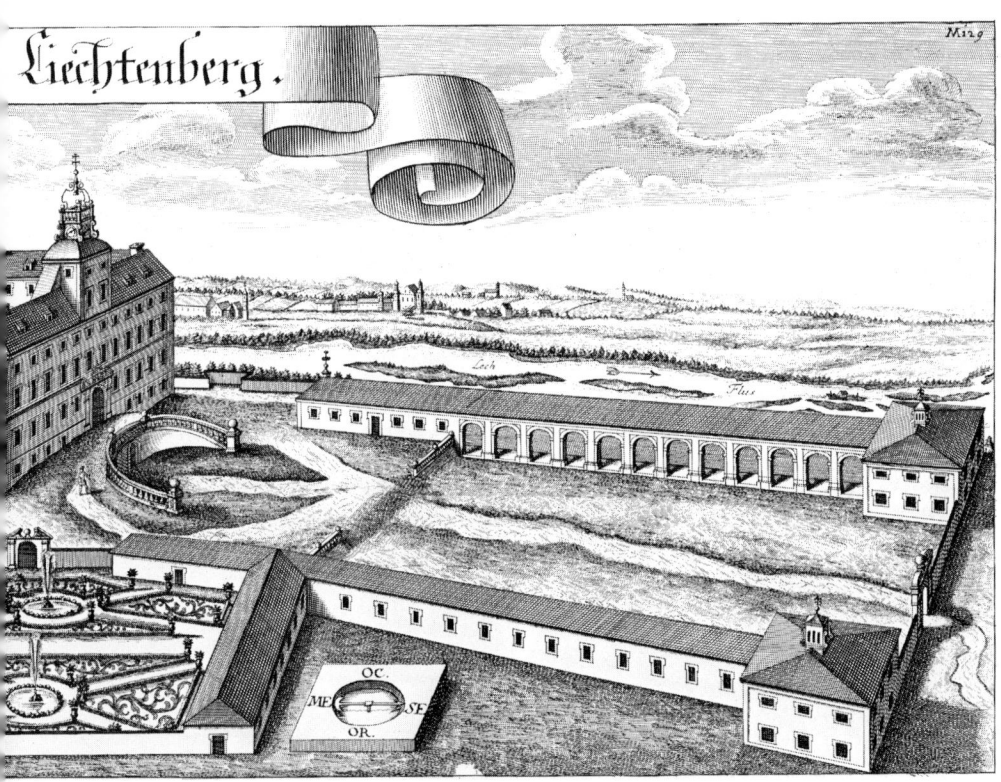

Das kurfürstliche Jagdschloß Lichtenberg am Lech, Ansicht von Michael Wening um 1700

fig zur Jagd aufsuchte, war vor den von Zuccalli geleiteten Bauarbeiten schon zweimal niedergebrannt. Auf den Grundmauern wurde nun der gesamte Baukomplex nach dem Fassadenschema des Münchner Baues der Englischen Fräulein, nur um ein zusätzliches Hauptgeschoß erweitert, wiederaufgebaut. Selbst der Dachstock wurde beinahe wörtlich als Akzent der Eingangsfassade übernommen. Zweiachsig ausgebildet, wirkt er stärker als Turmaufsatz, die abschließende Balustrade verweist auf seine Funktion als Aussichtsturm. Es mag im ersten Moment erstaunen, daß Zuccalli für das auf einer Anhöhe gelegene Jagdschloß eine beinahe identische Konzeption verwirklichte wie für den städtischen Klosterbau. Die äußere Baugestaltung ist allerdings in ihrer Einfachheit so neutral und zurückhaltend, daß Zuccalli sie für die Realisierung so verschiedener Bauaufgaben verwenden konnte. Schon der Dechanthof in Altötting entsprach diesem Grundaufbau. Abgesehen davon, scheint der mittlerweile vielbeschäftigte Zuccalli aber keine Zeit gefunden zu haben, für dieses Projekt spezifischere Ideen zu entwickeln. Dafür spricht auch eine Episode, die Richard Paulus anschaulich wiedergibt: Zuccalli warf dem Zimmerer vor, die

Entwurf Zuccallis zu einem Arkadenbau in Lichtenberg, (BayHStA, PlS 9547)

‚Schnörkel' und das Gesims am Turm der Englischen Fräulein nicht seinen Plänen entsprechend ausgeführt zu haben. Ein Augenschein widerlegte diesen Vorwurf. Anscheinend war Zuccalli mit seinen eigenen Planungen nur ungenügend vertraut.

Wie der Stich Michael Wenings von Lichtenberg belegt, hatte Zuccalli vor dem eigentlichen Schloßbau zwei Arkadengalerien geplant, die von pavillonartigen Eckbauten begrenzt werden sollten. Die Anlage paßte sich dem ansteigenden Gelände an, so daß die dem Schloß zu liegenden Anbauten nur mehr eingeschossig sind. Durch diese Bauten sollte ein Eingangs- und Ehrenhof angedeutet werden. Als Originalplan Zuccallis zu diesen Trakten kann ein bisher als ‚Entwurf zu einem unbekannten Arkadenbau' bezeichneter Plan identifiziert werden[71].

Entwürfe für ein Universitätsgebäude in Ingolstadt

1693 wurde wegen Baufälligkeit der von den Jesuiten geleiteten Universität deren Neubau beschlossen. Auf Weisung des kurfürstlichen Generalbaudirektoriums hielt sich Zuccalli 1694 zweimal in Ingolstadt auf. Mit dem Neubau der Universität sollte ein vorbildlicher Bau entstehen; Zuccalli wurde deshalb angewiesen, eng mit den Professoren der Universität zusammenzuarbeiten, die ihm eine detaillierte Aufstellung des Raumbedarfes aller vier Fakultäten übermittelten.

Zuccallis Entwurf für das neue Universitätsgebäude in Ingolstadt ist in einer von ihm signierten Planserie, bestehend aus fünf Grundrissen und einer Schauansicht der von der Stadt abgewandten Fassade, dokumentiert[72]. Zuccalli bezog bei seiner Planung die alte ‚Hohe Schule' – einen dreigeschossigen, rechteckigen Baukubus mit hohem Satteldach und Treppengiebeln – in den Neubau ein; er erweiterte den bestehenden Bau nach Süden und nach Westen gegen die Schutter so, daß eine große neue Dreiflügelanlage entstand. Auf dem Schaubild ist die Rückwand des nach Westen offenen Hofes in allen drei Geschossen als Bogengalerie ausgebildet. Sie kommuniziert im Erdgeschoß mit dem Gang, der vom seitlichen, mit einem Säulenportal ausgezeichneten Haupteingang vom nördlichen Universitätsvorplatz her das Gebäude erschließt; in den übrigen Geschossen verbindet die Galerie nur mehr zwischen den frei an die seitlichen Hoffronten angebauten Treppenhäusern. Diese sind ebenfalls in Arkaden geöffnet und mit einer eigenen Bedachung versehen. Gegen den zum Teil überbauten Fluß hin ist der Hof zwischen den Seitenflügeln durch eine Mauer abgegrenzt; dahinter sollte ein Garten angelegt werden.

86

Im ganzen gesehen, vermittelt die Ansicht ein ausgesprochen imposantes Bild. Dazu trägt die Behandlung des über dem Kellerhochgeschoß liegenden ersten Stockes als Sockelzone mit Rauhputzstreifen bei, ebenso die Höhe des Baues mit den gestreckten, verdachten Fenstern, besonders aber die offene Arkadenarchitektur und die beiden überkuppelten mit Laternen bekrönten Dachaufsätze mit ihrer Bogenarchitektur, die astronomische Beobachtungen ermöglichen sollten. Das Grundstück für den Universitätsneubau lag tiefer als das Münster von Ingolstadt. Durch den hohen Sockelbereich beabsichtigte Zuccalli den Bau nunmehr weit über das Gelände hinauszuheben; auf diese Weise sollte die Westfassade in der Stadtsilhouette mitsprechen.

Dennoch wirkt diese Schauseite ausgesprochen heterogen, besonders weil die offenen Treppenhäuser in der Arkadenführung der Schräge der Treppen folgen, wodurch sich an den Stirnseiten eine andere Geschoßaufteilung als an den Fronten der Seitentrakte ergibt. Die offenen Treppenhäuser stellen in Verbindung mit den Galerien einen durchaus repräsentativen Aufgangsbereich dar. Deutlich von den Unterrichts- und Studienräumen abgesetzt, war dadurch gleichzeitig ein eigener ‚Verkehrsbereich‘ geschaffen, der sicher auf Wunsch der Jesuiten, in humanistischem Rückbezug auf die Idee der griechischen Philosophenschulen mit den charakteristischen Wandelgängen, von Zuccalli so ausgeformt worden war. Durch Motive des Sakralbaues löste er die Aufgabe der Sternwarten auf dem Gebäude. Es ist offensichtlich, daß er sich hier mit einem für ihn neuen, ungewohnten Bautyp auseinandersetzen mußte.

Fassadenentwurf Zuccallis für die Universität in Ingolstadt, 1694/95, (BayHStA, PlS 8314)

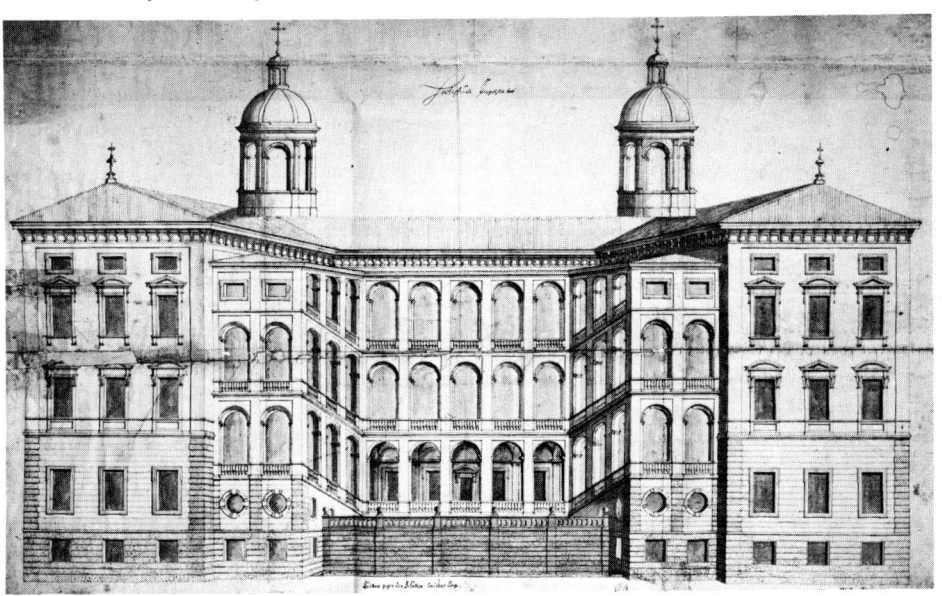

Als Vorbild für die Hauptansicht wird der Dreiflügelhof des Palazzo Barberini, der als einer der bedeutendsten Paläste des römischen Hochbarock gilt, genannt. Jedenfalls sind die perspektivisch angelegten Archivolten von dort übernommen. Der Geschoßaufbau der Seitenflügel ist ebenfalls ähnlich; auch in Rom war die Rückfront des Hofes als Arkadenarchitektur ausgebildet, allerdings wesentlich reicher instrumentiert und nicht nur durch Rahmenblenden gegliedert. Doch zeigt die Einfügung der offenen Treppenhäuser, wie eigenwillig Zuccalli mit seinem Vorbild verfährt.

Aus finanziellen Gründen wurde der große Entwurf zur Ingolstädter Universität, der auch einen durch zwei Geschosse reichenden, oval angelegten anatomischen Hörsaal („Auditorium Anatomicum per modum Amphiteatri") für vierhundert Personen vorsah, nie verwirklicht.

Das Benediktinerkloster Ettal

Am Anfang von Zuccallis Tätigkeit in Bayern stand das Bauvorhaben der Wallfahrtskirche und Platzanlage von Altötting. Gegen Ende seines Schaffens, fast vierzig Jahre später, wurde er 1709 noch einmal mit der Neugestaltung von einer nicht minder umfangreichen Sakralbauanlage beauftragt: dem Kloster Ettal. 900 Meter hoch in einem Tal des Ammergebirges gelegen, war das Kloster nach der Überlieferung am St.-Vitalis-Tag, dem 28. April 1330, als Stiftung „ze unser frawen etal" von Kaiser Ludwig dem Bayern nach seiner Rückkehr von einem Romzug gegründet worden. Neben einem Benediktinerkonvent sollte das Kloster auch einen sog. Ritter- und einen Frauenkonvent beherbergen. Ende des 14. Jahrhunderts wurde das Ritterstift wieder aufgelöst. Seit dem späten 15. Jahrhundert entwickelte sich in Ettal auch eine Marienwallfahrt. Im 18. Jahrhundert erlebten das Kloster und die Wallfahrt eine neuerliche Blüte.

1710 wurde in Erinnerung an das ehemalige Ritterstift die sog. Ritterakademie ins Leben gerufen. Nicht nur Adelige sollten hier durch humanistische Bildung und Unterricht in wissenschaftlichen, aber auch praktischen Fächern auf ihre späteren Aufgaben in Staat, Gesellschaft und Kirche vorbereitet werden. Initiator dieser Einrichtung war der 1709 zum neuen Abt gewählte Placidus II. Seitz (1672–1736), der zuvor an der Benediktineruniversität in Salzburg unterrichtet hatte. Finanziert wurde die Akademie durch eine Dotation aus dem Nachlaß des Herzogs Max Philipp, eines Bruders des Kurfürsten Ferdinand Maria.

Dieser neugewonnenen Bedeutung und Aufgabe Ettals entsprach der bauliche Zustand der Anlage nicht. Ein Brief des Abtes Placidus Seitz vom 18. April 1709 schildert in drastischer Formulierung, das Kloster sei „solcher gestalten ruinos und pauvöllig, daß man darin kheines weegs mehr gleichsamb ohne lebensgefahr wohnen khan"[73]. Spätestens mit dem Amtsantritt des neuen Abtes, dessen Vorgänger durch die Errichtung einer Mühle und die Neuanlage der Brauerei (vollendet 1709) die wirtschaftliche Situation verbessert hatte, konkretisierten sich die großangelegten Neubauabsichten in Ettal. Durch Beziehungen zum Münchner Hof und im Bewußtsein der Bedeutung der Bauaufgabe lag es nahe, Henrico

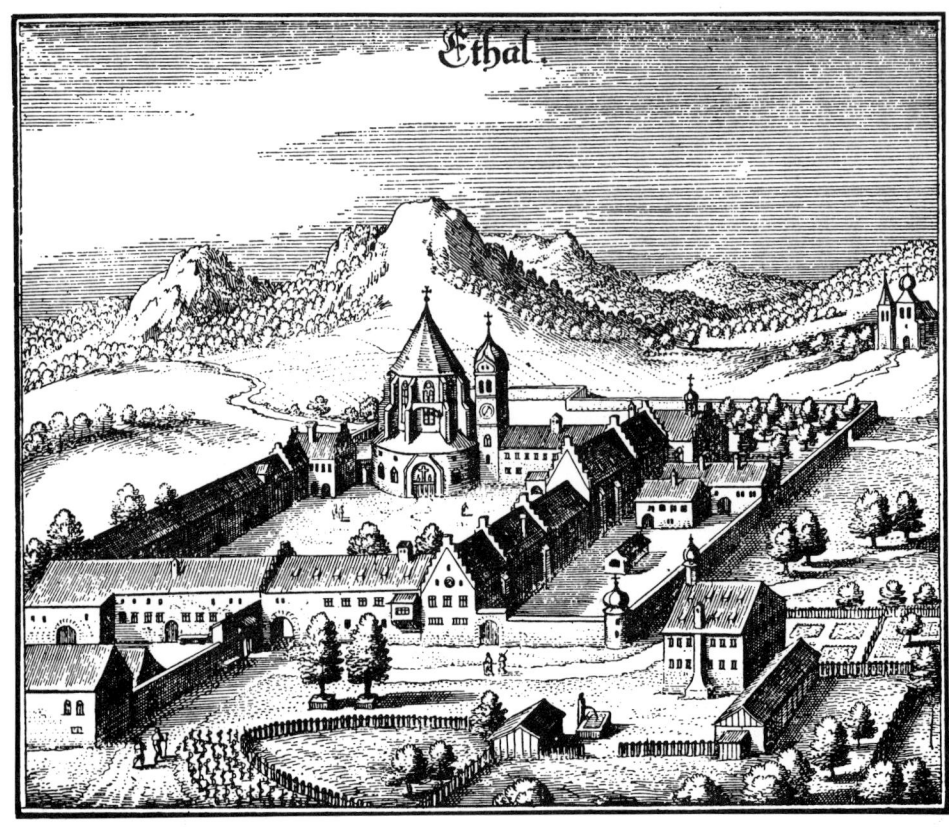

Die Klosteranlage Ettal um 1640, Stich aus Merians Topographie

Zuccalli, der seit 1706 unter der österreichischen Verwaltung von der Stelle als Hofbaumeister suspendiert worden war, die Neugestaltung anzuvertrauen. Bereits im September 1709 wurde mit Arbeiten am Nordtrakt des Klosters, dem Ritterakademieflügel, begonnen.

Auf einem Stich in Merians Topographie von 1640 ist das Aussehen der Klosteranlage, wie sie sich Zuccalli darbot, überliefert. Einzelne, nach und nach errichtete Klostergebäude bildeten einen westlich der Kirche vorgelagerten, abgeschlossenen Hof. Die Kirche war unmittelbar nach der Gründung 1330–1370 errichtet und in einer zweiten Bauphase im späten 15. Jahrhundert ergänzt und ausgebaut worden. Sie stellte sich als Zentralraum über zwölfeckigem Grundriß von 25,3 m lichter Weite mit einem zwei Joche tiefen, polygonal geschlossenen Chor im Osten dar. Hauptraum und Chor wurden von einem Umgang umfaßt, der um das Zwölfeck höher angelegt war, um zusätzlich eine Empore aufzunehmen. Der Bau mit hohem Zeltdach war durch starke Strebepfeiler an den Ecken gestützt. Sie teilten den Umgang und die Emporen in einzelne Raumabschnitte. Im Innenraum trug eine

Mittelsäule, an der sich auch das Gnadenbild befand, das Rippengewölbe. Grundrißpläne Zuccallis für die Neugestaltung der Klosteranlage und Kirche haben sich – mit Ausnahmen – nur in Kopien des 19. Jahrhunderts in Ettal erhalten. Als Zuccalli 1715/16 wieder als Hofbaumeister nach München zurückkehrte, waren die Bauarbeiten noch in vollem Gange. Auch Abt Placidus II. Seitz, der zwölf Jahre nach Zuccalli 1736 starb, erlebte die Vollendung der weitläufigen Anlage nicht. Finanzielle Schwierigkeiten des inzwischen hochverschuldeten Klosters verhinderten sie. Schließlich zerstörte ein Brand 1744 weite Teile der neuen Klosteranlage. Unmittelbar danach verfertigte der Baumeister Joseph Schmuzer, der das Kloster ab 1745 wiederauf- und ausbaute, einen Grundrißplan der Gesamtanlage[74], aus dem sich nicht immer eindeutig erschließen läßt, was Bestand war und was bereits Hinzufügung und Neuplanung Schmuzers ist.

Beim Kirchenneubau hat Zuccalli den alten Zentralbau, das Zwölfeck mit Umgang, erhalten und diesem eine Fassadenarchitektur vorgeblendet. Anstelle des alten Chores schloß er ein neues Presbyterium über ovalem Grundriß mit Altarnischen an, das er wieder mit einem Umgang versah. Der relativ selbständige neue Chor war als Wallfahrtskapelle für das Gnadenbild gedacht. An diese ‚Capella' schloß sich ein langgestreckter, zweigeschossiger Trakt an, der im Erdgeschoß die Sakristei aufnahm. Dieser wiederum war mit den im Anschluß geplanten östlichen Konventtrakten verbunden.

Die Grundsteinlegung zur Kirchenfassade fand am 7. August 1710 statt. 1714 dürfte diese

Kloster Ettal, Grundplan auf dem Niveau des Kirchenportales nach dem ursprünglichen Entwurf Zuccallis, (Umzeichnung von S. Lampl nach einer Kopie des verlorenen Zuccalliplanes)

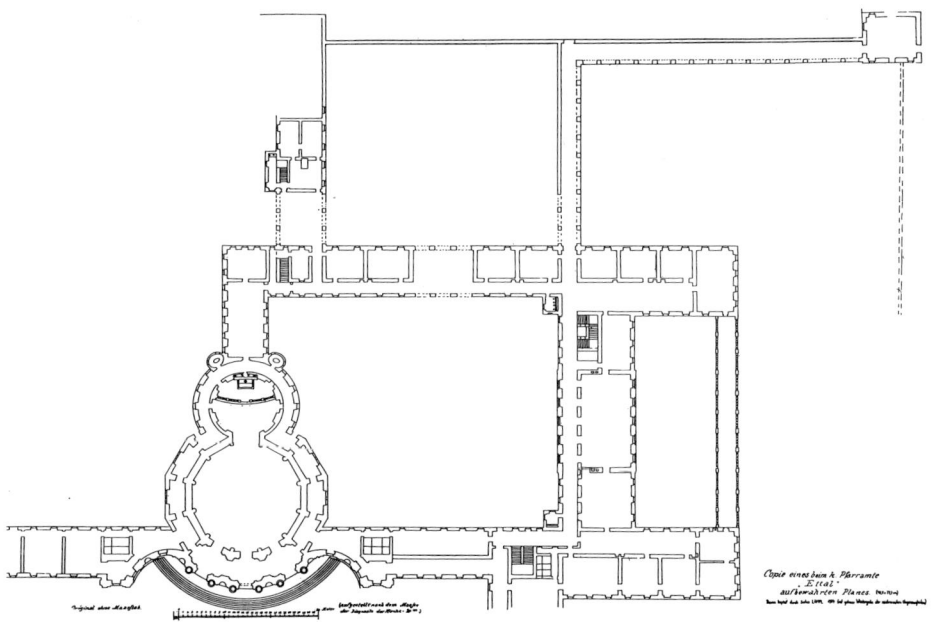

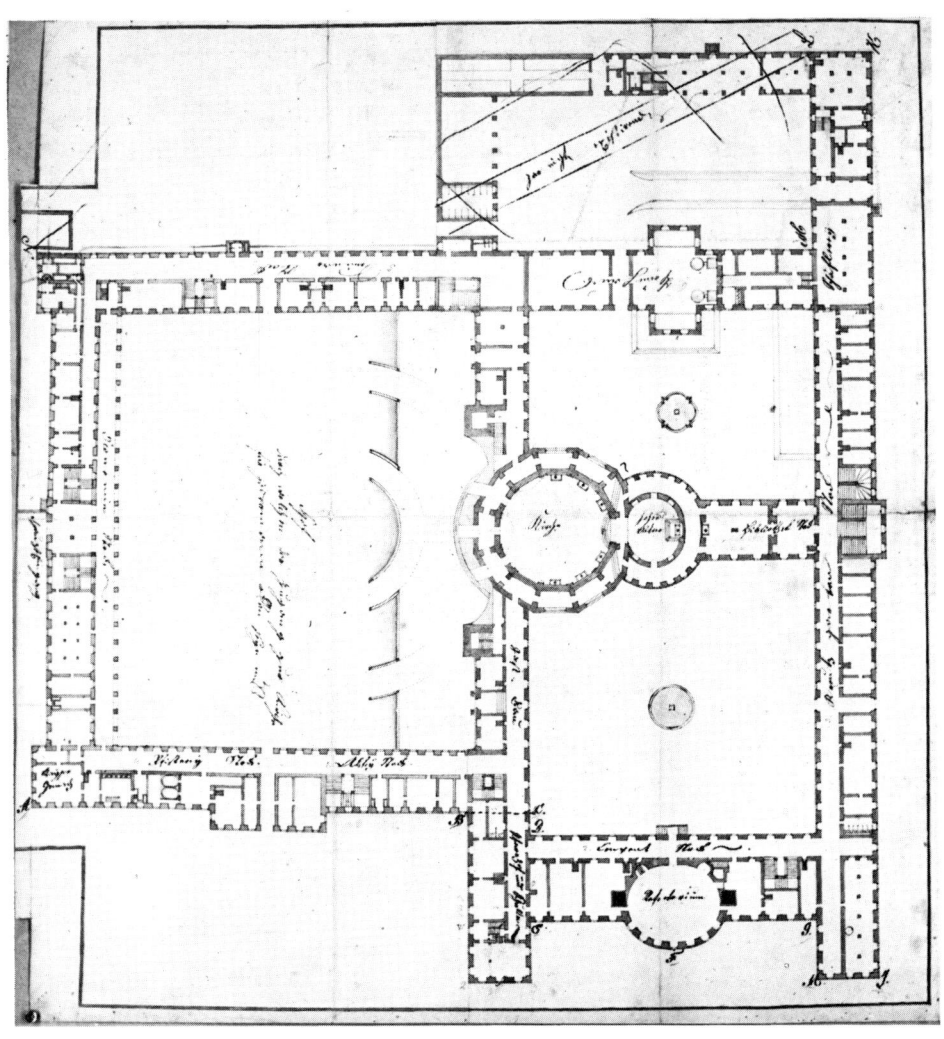

Gesamtplan der Klosteranlage Ettal von Joseph Schmuzer, 1744, (BayHStA, PlS 19381)

Kloster Ettal, Kirchenfassade ▷

im Rohbau vollendet gewesen sein, denn anläßlich eines Brandes der Marmorsäge im Mai 1715 wird berichtet, daß bereits geschnittene Marmorplatten für die Verkleidung der mit Ziegel hochgemauerten Fassade bearbeitet wurden. Diese Arbeiten waren 1744 noch nicht abgeschlossen. Die Sakristei wurde 1714, die Chorkapelle 1718 baulich fertiggestellt. Der heutige Raumeindruck des Chores wird allerdings durch die Ausstattung der zweiten Hälfe des 18. Jahrhunderts bestimmt.

Ein Vergleich des heutigen Kirchengrundrisses mit dem auf dem Plan Schmuzers und auf den Kopien der Zuccallipläne zeigt, daß ursprünglich die um einige Stufen gegenüber dem Hauptraum erhöhte Chorkapelle enger an den alten Zentralraum angeschlossen werden sollte – ohne das schmale Vorjoch, das heute zwischen den beiden Räumen liegt und den Kapellenraum stärker vom Hauptraum trennt. Für diese Neukonzeption mögen bautechnische Erwägungen eine Rolle gespielt haben; bei der zunächst geplanten, dann aber nicht durchgeführten Lösung wollte Zuccalli zwei Strebepfeiler des Altbaues entfernen. Auch im Eingangsbereich hatte er die entsprechenden Strebepfeiler herausnehmen wollen, um hier aus dem in Einzelräume unterteilten Umgang eine zusammenhängende Vorhalle zu schaffen.

Unter der Chorkapelle und der Sakristei hatte er eine großangelegte Gruft geplant. In seinen Entwürfen ist die Ostwand über dem Hauptaltar der Chorkapelle durchbrochen; eine Öffnung mit eingestellten Säulen gibt den Blick auf einen zweiten Altar im oberen Umgang frei. Der Umgang öffnet sich hier gegen den über der Sakristei liegenden Saalraum, der als Psallierchor ausgebildet ist. Solche Doppelaltarlösungen – ein Hauptaltar im Presbyterium, ein zweiter darüber im Umgang – sind typisch für Wallfahrtskirchen.

Im ganzen gesehen, erinnert das Projekt der zwei hintereinandergereihten Zentralräume mit Umgang an die Altöttinger Entwürfe, nur bestand diesmal bereits der Hauptraum. Hier versuchte Zuccalli, nach seinen Grundrissen zu schließen, durch Dreiviertelsäulen, die er in die Ecken des polygonalen Hauptraumes (anstatt der gotischen Gewölbedienste) einstellte, diesen optisch zu einem Rundraum zu entwickeln. Diese Idee hat Schmuzer aufgegriffen. Statt der Dreiviertelsäulen benutzte er eine flache Pilastergliederung vor Rücklagen.

Heute tritt uns das ursprüngliche Konzept Zuccallis noch am deutlichsten an der Kirchenfassade entgegen. Zweigeschossig angelegt, umkleidet sie im mittleren Teil den bestehenden Umgang mit Empore, schwingt dann zu seiten dieses konvexen Bereiches konkav zurück und wird in einer gerade geführten, das Untergeschoß der seitlichen Türme bildenden, leicht vor die Front der Klostertrakte gesetzten Travée abgeschlossen. Die beiden Geschosse der Fassade sind durch eine Kolossalgliederung auf hohen Sockelpostamenten zusammengefaßt. Den oberen Abschluß bildet ein kräftiges Konsolgesims, das im Bereich des mittleren Rundbaues über den vorgestellten Säulen verkröpft ist. An den konvexen Flügeln und den Turmunterbauten ist die Plastizität der Gliederung deutlich zurückgenommen. Statt durch Säulen ist hier die Wand durch flache Pilaster gegliedert, das Gebälk läuft gerade durch. Drei große Eingänge mit darüberliegenden, ursprünglich offen geplanten Rundbögen, die jeweils mit einer Steinbalustrade versehen worden wären, sollten einen loggienartigen Eindruck vermitteln. Auch die heute flachen Blendbögen der konkaven Flanken waren anfangs als Fenster geplant. Schon darin wird der italienische Charakter der Fassadengestaltung deutlich. Zuccalli negierte die Lage des Klosters im schneereichen Berg-

Gianlorenzo Bernini, 1. Projekt zur Louvre Ostfassade in Paris, 1664

tal, um einer ganz bestimmten Gestaltungsidee zu folgen. Zwischen den breiteren, heute weitgehend geschlossenen Eingangsjochen finden sich schmälere Wandstücke mit zwei übereinandergestellten Rundbogennischen, die mit Apostelfiguren besetzt sind. Diese kräftige Gliederung und Tiefenwirkung der Mittelfassade wird von den zurückhaltender durchgebildeten, flachen Konkavflügeln abgefangen; die Flanken scheinen sich hinter die konvex ausgebildete Fassade zu schieben. Prächtige Kompositkapitelle und die bei Zuccalli üblichen Rosetten am Konsolfries vervollständigen den Gesamteindruck. Diese zweigeschossige Fassade, die auch als Unterbau für die Türme dient, nach oben deutlich durch das mächtige Gebälk abgeschlossen ist und nicht die volle Höhe des mittleren gotischen Zentralbaues einnimmt, ist gänzlich mit Marmor verkleidet. Durch ihr Material, aber auch durch ihre Eigenständigkeit gegenüber dem Bau – sie ist lediglich vorgeblendet – kann man sie als selbständige Einheit ansehen; sie wird so als besondere Gestaltungsidee faßbar. Derart isoliert kann sie als Zitat von Berninis erstem Entwurf zur Pariser Louvre-Ostfassade erkannt werden.

Schon einmal, bei den Entwürfen für Ovalsaalprojekte zum Neuen Schloß Schleißheim, hatte Zuccalli auf dieses Berniniprojekt zurückgegriffen. Berninis Fassadenentwurf ist allerdings regelmäßig durch eine Kolossalordnung und dazwischenliegende, durch zwei übereinandergesetzte Bogenarkaden weit geöffnete Wandkompartimente gegliedert. Die Rhythmisierung der Fassadengliederung in Ettal durch breitere, geöffnete Travéen und schmälere, massive Wandstücke war durch den Bestand bedingt. Zuccalli wandelte das Vorbild also entsprechend dieser Vorgabe ab. Anstoß für die Rezeption Berninis war die ähnliche Ausgangslage: Ein mittlerer Zentralraum sollte in eine Fassadenfront eingebunden werden. Wirkungsabsichten von Profan- und Sakralbau liegen im Barock so eng nebeneinander, daß sie austauschbar werden.

Den Charakter des Sakralbaues hebt Zuccalli durch entsprechende Ergänzungen hervor. Eine Ansicht von Ettal auf einem 1720 von Gottlieb Heiss ausgeführten Kupferstich[75] gibt

95

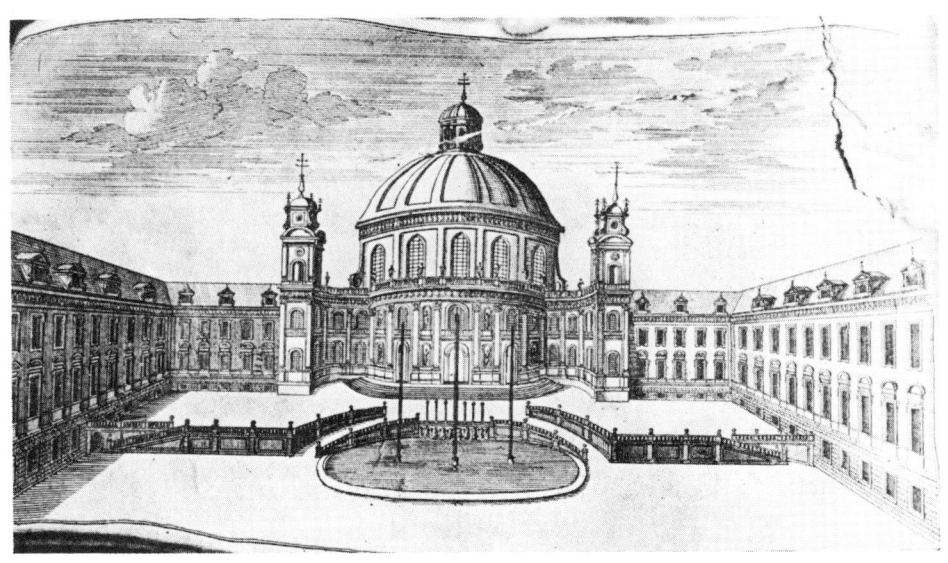

Kloster Ettal, Stich von G. Heiss 1720 nach Entwürfen Zuccallis

die Planungsidee Zuccallis wieder. Die seitlichen Türme entstanden durch Aufstockung der äußeren Fassadenflanken um ein Geschoß. Im Gegensatz zur marmorbekleideten Fassade sind die Turmobergeschosse in verputztem Mauerwerk ausgeführt und damit deutlich abgegrenzt. Das der Fassade aufgesetzte Geschoß mit der Pilastergliederung erinnert an die Entwürfe für die Theatinerkirche und ist in dieser Form auch ausgeführt worden. Die volutenbesetzten Turmabschlüsse mit flachem Helm und vier Kreuzblumen erinnern an die Turmbekrönung des Klosters der Englischen Fräulein. Diese Zusammenstellung typischer Zuccallimotive spricht für die weitgehend getreue Wiedergabe der Entwürfe Zuccallis durch Heiss. Die Türme blieben sowohl zur Zeit Zuccallis als auch unter Schmuzer im oberen Teil unausgeführt. Im Laufe des 19. und noch zu Anfang des 20. Jahrhunderts wurden sie zusammen mit der nach dem Bestand ergänzten Fassade nach und nach in vermeintlich entwurfsgetreuem Sinne ausgebaut. Da dabei weder die von Zuccalli geplanten drei (!) Hauptportale noch die offenen Loggien ausgeführt wurden und die Türme sogar zwei völlig unterschiedliche, massive Abschlüsse erhielten, kann die Fassade nicht mehr ihre ursprüngliche Wirkung entfalten.

Entscheidender Anteil an der Gesamtwirkung der Fassade kommt der Kuppel zu, die Schmuzer dem Zwölfeckbau mit den belassenen Strebepfeilern aufsetzte. Beim Brand von 1744 scheint die Kuppel noch nicht bestanden zu haben; erst 1752 wurde die das gotische Gewölbe tragende Mittelsäule abgebrochen. Ungeachtet der Frage, ob bereits unter Zuccalli mit dem Bau der Kuppel begonnen wurde, kann man davon ausgehen, daß dieser das Zeltdach des gotischen Baues durch eine Kuppel ersetzen wollte. Das ganze Konzept der Fassadenanlage, wie es auch der Stich von Heiss wiedergibt, ist auf eine Kuppel ausgerichtet. Das über die Fassadenarchitektur mit der ursprünglich geplanten abschließenden Figurenbalustrade hinausragende, obere Geschoß des alten Zwölfeckbaues sollte durch Ergänzen eines abschließenden Kranzgesimses erhöht und zur Tambourzone für die das Zeltdach ablösende Kuppel (mit Laterne) umgestaltet werden. Dabei sind die später von Schmuzer belassenen Strebepfeiler zu Lisenen reduziert, die im unteren Bereich in Voluten übergehen und wohl den Druck der Kuppel auf die Fassadenarchitektur verteilen sollten. Wahrscheinlich hätte Zuccalli die Kuppel wie später in Mittenheim durch einen eisernen Ringanker stabilisiert.

Zuccalli ist es beim Ettaler Kirchenbau in hohem Maße gelungen, die geplante Kuppel als bestimmendes Element der Fassadengestaltung zu entwickeln und gleichzeitig den alten Zentralraum als von der Fassadenarchitektur unabhängigen Raumkörper in Erscheinung treten zu lassen. Die spätere Innenraumgestaltung durch Stukkatoren und Freskanten schuf einen neuen Gesamteindruck.

Bei der Planung der Klosteranlage berücksichtige Zuccalli den Bestand. Die vorhandene Baustubstanz wurde übernommen, erweitert und mit neuer Fassadengestaltung versehen. Nach der Lavierung der erhaltenen Plankopien zu schließen, entwarf Zuccalli den etwa 100 m langen Südflügel des großen Klosterhofes vor der Kirche ganz neu, beim Westflügel mit dem mittleren Hauptzugang nahm er dagegen erhebliche Rücksicht auf den Altbestand. Der Nordtrakt, der Ritterakademieflügel, wurde durch eine parallel angelegte Mauer einfach verbreitert. Die Entwurfsplanungen Zuccallis sahen im Vergleich zum Schmuzerplan ein stärkeres Ausgreifen der Trakte südlich der Kirche vor. Nicht nur die besondere Weitläufigkeit der Anlage, sondern auch zahlreiche Einzelelemente erinnern an frühere Bauprojekte Zuccallis. Der Bereich zwischen den Flügeltrakten des Konventstockes sollte mittels einer balustradenbesetzten Stützmauer gegen das tiefer liegende Gelände – ähnlich wie beim Münchner Palais Törring-Seefeld – abgegrenzt werden. Langgezogene Arkadengänge mit abschließenden Eckbauten erinnern dagegen an Entwürfe für die Schleißheimer Schloßanlage.

Ob dieser Baukomplex ausgeführt oder das Konzept nochmals revidiert wurde, läßt sich wegen der Zerstörungen beim Brand 1744, der vor allem die Südtrakte betraf, nicht mehr feststellen. Die spärlichen Baudaten nach dem Tagebuch des Paters Sartori ergeben folgendes Bild: Zunächst wurde der Nordtrakt errichtet (1709–1712), der einzige Klostertrakt, der aus dieser Zeit noch weitgehend im ursprünglichen Zustand erhalten ist. Noch 1713 konnte das Richtfest zur neuen Abtei gefeiert werden. 1722 fand das erste Essen im Klosterrefektorium statt. Der Plan Schmuzers von 1744 basiert sicher auf den Planungen Zuccallis, die Grundmauern waren ja nach dem Brand vorhanden. Gerade die südlichen Klostertrakte erscheinen nun aber in reduziertem Umfang; der Ovalsaal des Refektoriums geht auf Schmuzer zurück. Auch der breite Mittelrisalit des Südtraktes – des sog. Fürstenstockes am großen Klosterhof – ist eine Neuplanung, da hier Zuccallis Entwürfe eine andere Lösung anstrebten.

Die ursprüngliche Fassadengliederung der Klostertrakte ist am Ritterakademieflügel auf der Hofseite weitgehend erhalten. Auffallend ist die große Ähnlichkeit des Fassadenaufbaues mit verschiedenen Entwürfen für Schleißheim. Entsprechend ist die Fassadengestaltung auf dem Stich von Heiss von 1720. Eben diese Fassadengliederung, die deutlich die Handschrift Zuccallis trägt, zeigt ein bisher unveröffentlichter Plan[76]. Außer der Übereinstimmung im Fassadenaufbau bis hin zu den auch von Heiss wiedergegebenen Dachgauben

Entwurf Zuccallis zu einem Klostertrakt in Ettal, (BayHStA, PlS 8248)

verweist auch das Kreuz mit doppeltem Querbalken auf dem Giebel des flach vortretenden Mittelrisalites der weiter zurückliegenden Gebäudefront auf der linken Blatthälfte darauf, daß es sich hier wohl um einen Entwurf für einen Klosterkomplex handelt. Der Mittelrisalit mit flacher Pilastergliederung und drei Durchgängen im Sockelgeschoß, ebenso die vorgesetzte Portalarchitektur und die im mittleren Durchgang sichtbaren Säulen, die das Gewölbe der Durchgangshalle tragen, stimmen mit den Grundrissen von Erd- und Hauptgeschoß des Südtraktes auf den in Ettal verwahrten Plankopien nach Zuccalli überein. Demnach würde der Plan die Südansicht des Klosters zeigen, in der linken Hälfte den Hoftrakt, rechts den vorgezogenen Konventstock. Ein Problem der Zuschreibung liegt darin, daß der dargestellte Bau in der Längenausdehnung weder den Entwurfsplänen in Ettal noch dem Schmuzerplan entspricht. Besonders der Konventbau mit dem für Zuccalli typischen Dachstock ist nicht mit den weitläufigen Planungen auf den Grundrissen in diesem Bereich in Übereinstimmung zu bringen. Möglicherweise bezieht sich die Ansicht auf einen nicht mehr erhaltenen, früheren oder reduzierten Grundrißentwurf.

Sixtus Lampl konnte plausibel machen, daß Zuccalli bereits früh, um 1678, einen Gesamtplan für das Benediktinerkloster Tegernsee verfaßt hat, der wie später in Ettal eine um drei Höfe symmetrisch gruppierte Klosteranlage mit der alten Kirche als Mittelpunkt zeigt. Die Gesamtdisposition wurde für das 1680 begonnene Kloster Wessobrunn maßgeblich.

Im weiteren Zusammenhang mit Zuccallis Tätigkeit in Ettal stellt sich noch die Frage, ob er für das Langhaus der Pfarrkirche in Murnau, zu dem der Ettaler Abt Placidus II. Seitz 1717 den Grundstein legte, Vorentwürfe gefertigt hat. Solange es nicht gelingt, einen Baumeister namhaft zu machen – Johann Michael Fischer (1692–1766) kommt aus biographischen Gründen nicht in Frage –, sollte man eine Urheberschaft Zuccallis nicht ausschließen. Dafür spricht die Grunddisposition des Raumes, eines überkuppelten Zentralraumes, der dem im Grundriß quadratischen Gemeinderaum des Langhauses einbeschrieben ist.

Das Franziskanerkloster Mittenheim

Auch das letzte Werk Zuccallis, das Franziskanerkloster Mittenheim, ist nur mehr rudimentär erhalten. Wohl kaum einer der zahlreichen Besucher der Schleißheimer Schloßanlagen wird die zwei Kilometer nördlich gelegene Dreiflügelanlage des ehemaligen Franziskanerklosters beachten, schon weil die einst westlich davorgelegene Kuppelkirche nicht mehr besteht.

Im Bereich des heutigen Mittenheim – der Name ist seit 1861 gebräuchlich – hatte Wilhelm V. im frühen 17. Jahrhundert eine jener Klausen, mit denen er sein Gut und Herrenhaus Schleißheim umgab, anlegen lassen. 1702 plante Max Emanuel, den dort ansässigen Franziskanern ein Kloster zu errichten – zu Ehren Gottes, aber auch für das Heil der eigenen Seele und das des Hauses Wittelsbach. Der Bau wurde wegen des Spanischen Erbfolgekrieges erst 1717 nach Rückkehr des Kurfürsten aus dem Exil begonnen. 1720 war er vollendet. Als Baumeister ist Zuccalli belegt; möglicherweise hat er die heute nicht mehr auffindbaren Planungen schon bald nach 1702, also noch vor dem Auftrag für Ettal, angefertigt.

Die Klostertrakte, in ihren heutigen Zustand Anfang unseres Jahrhunderts versetzt, als Gutshof genutzt und durch Neubauten ergänzt, lassen kaum mehr die Hand Zuccallis erkennen.

Das Aussehen der nicht mehr erhaltenen Kirche ist nur in etwa rekonstruierbar, da sich außer Hinweisen zur Baugeschichte in den Hofbauamtsakten nur ein kleinformatiger, nicht detailliert durchgebildeter Grundriß in einem Grundbuch von 1727, verfaßt von Castulus Riedl, überliefert hat[77]. Demnach war dem dreiflügeligen Klosterbau eine Kirche über querovalem Grundriß mit sechs Kapellen und einem gedeckten Umgang vorgelagert. Über der Eingangsvorhalle befand sich, wie sich aus Bauakten erschließen läßt, ein Oratorium. Die Verbindung des ovalen Kirchenbaues mit den Klostertraken wurde im Bereich

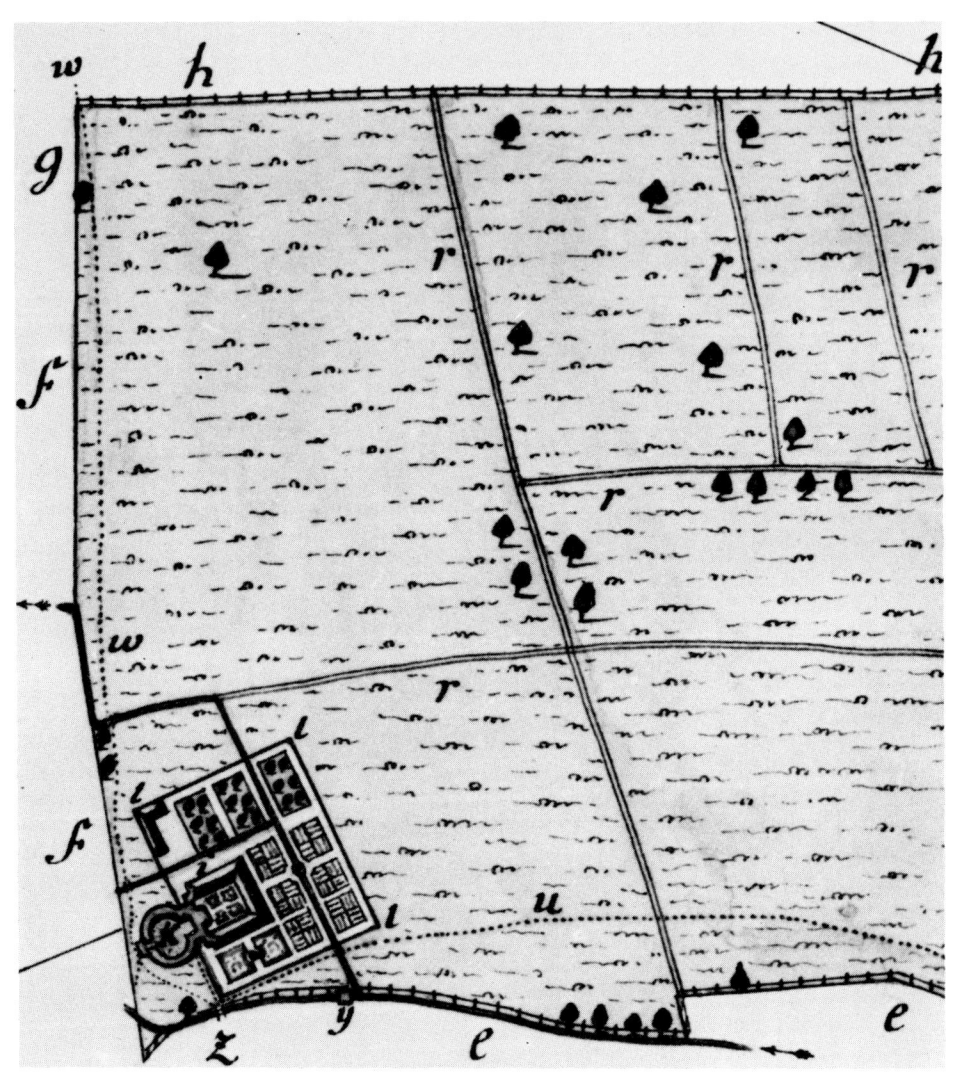

Grundriß des Franziskanerklosters Mittenheim im Grundbuch von Castulus Riedl 1727 (Ausschnitt), (BayHStA, PlS 8004–8067, S. 24)

des Hauptaltarraumes hinter dem Umgang durch einen dem Klosterhof vorgelegten Quergang gelöst, der sich in der Mittelachse der Anlage zu einem polygonal geschlossenen, in den Klosterhof hineinreichenden Anbau erweiterte. Dieser Anbau diente als Chor.

In den Bauberichten von 1719 wird neben dem Ovalraum ein Chor mit Chorgestühl genannt. Seitlich – wohl in den Anbindungen zum Kloster – werden Beichtstühle angeführt. Über die Fassadengestaltung sind keine Aussagen möglich.

Um sich eine Vorstellung von der Größe des Kirchenbaues machen zu können, muß diese mit den noch bestehenden, ehemaligen Klosterbauten verglichen werden: Geht man davon aus, daß der im allgemeinen sehr genau arbeitende Castulus Riedl den Bestand richtig aufgenommen hat, läßt sich an Hand seiner Zeichnung erschließen, daß die Kirche vom Grundriß her etwas schmäler und weniger tief war als das Klostergeviert. Ihre mächtige Kuppel wurde mit einem eisernen Reif, der Dachstuhl mit dreifachen Eisenschlaudern umfangen.[78] Als Effner 1735/37 einen Hochaltar einbaute, rühmte er Größe und Ansehnlichkeit des Baues.

Die in ihrer Grunddisposition an die Ettaler Chorkapelle erinnernde Mittenheimer Kirche kann möglicherweise als Vorstufe für Ettal angesehen werden (Planung bald nach 1702?); zur Zeit ihrer Erbauung war sie jedenfalls eine selbständige und freistehende Variante des in Ettal aufgeführten Chorbaus. Das Queroval mit großer Eingangsvorhalle war von Zuccalli auch bei den Altöttinger Projekten erwogen worden; ein letztes Mal wirkte in Mittenheim Berninis Kirche S. Andrea al Quirinale nach.

Schlußbemerkung

Es wäre verfehlt, sich unter einem Oberhofbaumeister des Kurfürsten einen Architekten vorzustellen, der sich nur mit repräsentativen Großaufgaben beschäftigte. Zu seinem Arbeitsgebiet zählten verschiedenste Tätigkeiten; entsprechend heterogen war das Werk.

Zuccalli kommt nach München als ausgebildeter Architekt mit sehr genauen Vorstellungen und einem Formenschatz, den er während gut dreißig Jahren, in denen er für die Residenzstadt der bestimmende Baumeister ist, nicht aufgibt. Die Eigenwilligkeit, mit der er daran festhält, macht es unmöglich, zwischen einem Frühwerk und einem Spätwerk zu unterscheiden. Zwar sind spätere Einflüsse aus Holland, von der Wiener Barockarchitektur – kaum aus Frankreich – festzustellen, aber sie bleiben oberflächlich, die Auseinandersetzung mit ihnen beschränkt sich oft nur auf eine Planungsphase oder auf einen einzelnen Bau.

In seiner Nüchternheit und intensiven Auseinandersetzung mit Bernini erinnert Zuccalli manchmal an einen der Nachfolger Berninis in Rom, Carlo Fontana (1638–1714). Unbestritten ist aber auch das oberitalienische Element, der Einfluß des 16. Jahrhunderts. Eine einfache, klare Architektur, die ohne viel Ornament besteht. Viele der kleineren Bauten Zuccallis bestechen gerade durch diese Einfachheit und Ausgewogenheit. Dort, wo er im Auftrag des Kurfürsten Großprojekte entwirft, gerät er in Schwierigkeiten; es gelingt ihm anfangs nicht, seine für kleinere Projekte konzipierten Entwürfe in die geforderten Dimensionen zu übertragen.

Kaum einer der von ihm entworfenen Bauten wurde zu seinen Lebzeiten in der von ihm ursprünglich geplanten Form fertiggestellt. Von den beiden großen Sakralbauprojekten scheiterte Altötting an Finanzierungsschwierigkeiten und wurde Ettal erst viel später fertiggestellt – dem neuen Geschmack entsprechend. Von seinen Profanbauten wurde Lustheim zwar vollendet, durch die Interventionen Max Emanuels aber doch erheblich verändert. Von Schleißheim, einem Projekt, das in seiner Maßlosigkeit weder finanzierbar war, noch jemals hätte mit Leben erfüllt werden können, wurde zwar das Corps de Logis weitgehend fertiggestellt, von den Nachfolgern Max Emanuels aber kaum benützt. Das nähere Nymphenburg bekam den Vorzug. Die Palaisbauten für den Adel in München gaben einem kleinen Viertel über viele Jahre ein unverwechselbares Aussehen, sind heute aber bis auf das Palais Portia nicht mehr erhalten.

Mit seinen verschiedenen Bauten bürgerte Zuccalli in München Stilelemente italienischer Architektur ein und bereicherte damit das Erscheinungsbild der Stadt und ihrer Umgebung. Nachgerade will es uns erscheinen, als ob Zuccalli ein typischer Vertreter bayerischer Architektur wäre, die er mit seinem Werk in einer Zeit des Überganges mitgeformt hatte.

Anmerkungen

BayHStA = Bayerisches Hauptstaatsarchiv München, Abteilung I, Allgemeines Staatsarchiv, Ältere
Bestände
GHAM = Bayerisches Hauptstaatsarchiv München, Abteilung III, Geheimes Hausarchiv

1 BayHStA (Akt Zuccalli), HR I fasc. 96/26, fol. 309.
2 Vgl. R. PAULUS, Der Baumeister Henrico Zuccalli, Straßburg 1912, u. A. M. ZENDRALLI, Graubündner Baumeister und Stukkatoren in deutschen Landen zur Barock- und Rokokozeit, Zürich
1930.
3 Vgl. N. LIEB, Die Vorarlberger Barockbaumeister, München 1976³.
4 Sebastiano SERLIO (1475–1554), 8 Bücher über die Architektur, erschienen 1537–1575 (2 Teile
posth.); Andrea PALLADIO (1508–1580), Quattro Libri dell'Architettura, erschienen 1570; Vincenzo SCAMOZZI (1552–1616), Dell'Idea dell'Architettura universale, erschienen 1615.
5 J. ERICHSEN, Umrisse Blutenburger Geschichte, in: Blutenburg, München 1983, 41.
6 U. BESCH, Studien zur Ausstattung von St. Kajetan in München, (Diss.) München 1983, 136 ff.
7 P. VOLK, Die bildende Kunst am Hofe Max Emanuels, in: Ausst.-Katalog Kurfürst Max Emanuel,
Bd. I, München 1976, 135.
8 Häuserbuch der Stadt München, Teil I, München 1958, 21.
9 Z. B. die Scharwerksgelder aller vier bayerischen Rentämter und die Forstgefälle.
10 PAULUS (wie Anm. 2), 126.
11 Gutachten der Schleißheimer Baukommission v. 29.7.1702, siehe: E. HUBALA, Henrico Zuccallis
Schloßbau in Schleißheim, in: Münchner Jahrbuch der bildenden Kunst 3. F. 17, 1966, 191 ff.
12 Vgl. GHAM, KA 753/42 a T-R 220.
13 D. Marot, geboren in Paris, war ab 1685 in Holland; vorzüglich Innenausstattungen.
14 Schreiben vom 25.6.1685 in dem unter Anm. 1 zitierten Akt, fol. 278 f.
15 Siehe Anm. 2.
16 Vgl. P. VOLK (wie Anm. 7), 133 ff.
17 Der Brief in Übersetzung bei PAULUS (wie Anm. 2), 194 f.
18 BayHStA PlS 8296 u. 8297; G. DISCHINGER, Zeichnungen zu Architektur und Ausstattungen von
Sakralbauten bis 1803 im Bayerischen Hauptstaatsarchiv, I Altbayerische Bestände, 1983 abgeschlossenes Manuskript, Nr. 27 u. 28.
19 K.-L. LIPPERT, Giovanni Antonio Viscardi, München 1962, 44 f.; danach kannte Zuccalli Entwürfe Berninis.
20 BayHStA (Akt Altötting), KL fasc. 29/9; PAULUS (wie Anm. 2), 23.
21 BayHStA, PlS 8308–8312; PAULUS (wie Anm. 2), Planserie A-B; zur Gesamtplanung siehe
DISCHINGER (wie Anm. 18), Nr. 18–26.
22 BayHStA, PlS 8305–8307; PAULUS (wie Anm. 2), Planserie C.
23 BayHStA, PlS 8303; PAULUS (wie Anm. 2), Planserie D.
24 Kapellenadministration Altötting.
25 Nach PAULUS (wie Anm. 2), 25.
26 Vgl. DISCHINGER (wie Anm. 18), Nr. 321–350.
27 Siehe Anm. 26.
28 BayHStA, PlS 8294 u. 8295; DISCHINGER (wie Anm. 18), Nr. 330–331.
29 BayHStA, PlS 8299; DISCHINGER (wie Anm. 18), Nr. 345.
30 BayHStA, PlS 7812; DISCHINGER (wie Anm. 18), Nr. 327.
31 BESCH (wie Anm. 6), Anm. 53.

32 BayHStA, PlS 8293; DISCHINGER (wie Anm. 18), Nr. 323.

33 Zitiert nach PAULUS (wie Anm. 2), 45.

34 BayHStA, PlS 7808; DISCHINGER (wie Anm. 18), Nr. 342; Entwurf zum Holzmodell v. 1684?

35 Eine Analyse der Innenraumgestaltung bei: D. RIEDL, Theatinerkirche St. Kajetan, in: N. Lieb/H.-J. Sauermost, Münchens Kirchen, München 1973, 113 ff.

36 Bibliothèque de l'Institut de France, Ms. 1040 fol. VI; Ausst.-Katalog Kurfürst Max Emanuel, Bd. I, München 1976, Abb. 26.

37 P. DIEMER, Materialien zu Entstehung und Ausbau der Kammergalerie Maximilians I. von Bayern, in: Quellen und Studien zur Kunstpolitik der Wittelsbacher vom 16. bis zum 18. Jahrhundert, München 1980, 137.

38 Zitiert nach PAULUS (wie Anm. 2), 71.

39 Siehe Anm. 38.

40 Vgl. VOLK (wie Anm. 7), 128, Anm. 43.

41 Vgl. im einzelnen S. HEYM, Schloß Lustheim, (Diss.) München 1983; hier ausführliche Quellenangaben zu Lustheim.

42 Bayerische Schlösserverwaltung, Abteilung Bauamt.

43 Vgl. H. BAUER/B. RUPPRECHT (Hg.), Corpus der barocken Deckenmalerei in Deutschland, Bd. III (in Vorbereitung); Johann Anton Gumpp (1654–1719) kam aus Innsbruck.

44 H. LORENZ, Das ‚Lustgartengebäude‘ Fischers von Erlach, in: Wiener Jahrbuch für Kunstgeschichte, 32, 1979, 59 ff. u. ebd. 33, 1980, 174 ff.

45 Laut Schreiben Philipp Zwergers vom 2. 3. 1702, zitiert bei PAULUS (wie Anm. 2), 94 f. u. Anm. 157.

46 L. ANDERSEN, Eine unbekannte Quellenschrift aus der Zeit um 1700, in: Münchner Jahrbuch der bildenden Kunst 3. F. 24, 1973, 197 ff.

47 Siehe Anm. 41.

48 G. IMHOF, Der Schleißheimer Schloßgarten des Kurfürsten Max Emanuel von Bayern, München 1979, 50 ff.

49 Das Preziösentum bildete sich im 17. Jh. im Salon der Mme de Rambouillet heraus – Verfeinerung der Sitten; zum übertriebenen Preziösentum vgl. Molière.

50 Vgl. die entsprechenden Titel von E. HUBALA, M. PETZET, G. HOJER, E. GÖTZ, D. RIEDL in der Bibliographie.

51 BayHStA, PlS 8261.

52 BayHStA, PlS 8282.

53 Siehe Anm. 44.

54 BayHStA, PlS 8262.

55 BayHStA, PlS 8267.

56 BayHStA, PlS 8254; Datierung nach D. RIEDL, Zur Planungs- und Baugeschichte des Neuen Schlosses Schleißheim unter Henrico Zuccalli, in: Oberbayerisches Archiv 100, 1976, 300.

57 Bayerische Schlösserverwaltung, Abteilung Bauamt.

58 Nach E. GÖTZ, Beobachtungen am Neuen Schloß Schleißheim zu seiner Planungs- und Baugeschichte unter Zuccalli 1701–1704, (Masch.) München 1976.

59 Die Annahme von PAULUS (wie Anm. 2), 91, die Kapelle sei oval mit einer Kuppel, trifft nicht zu. Vgl. zu den Entwürfen den unter Anm. 1 zitierten Akt, fol. 147.

60 Vgl. PAULUS (wie Anm. 2), Abb. 109.

61 Bibliothèque de l'Institut de France, Ms. 1039 fol. 11 u. 25; vgl. M. PETZET, Entwürfe für Schloß Nymphenburg, in: Zeitschrift für Bayerische Landesgeschichte 35, 1, 1972, Abb. 106/7.

62 BayHStA, PlS 8302; vgl. G. HOJER, Die Münchner Residenzen des Kurfürsten Max Emanuel, in: Ausst.-Katalog Kurfürst Max Emanuel, Bd. I, München 1976, 168, Anm. 84; der Plan muß wohl zwischen 1702 und 1705 datiert werden – nach der Bauunterbrechung während der österreichi-

schen Administration, d. h. nach 1714, hatte Zuccalli keinen Einfluß mehr auf das Bauvorhaben in Nymphenburg.

63 BayHStA, PlS 8267.
64 E. HUBALA, Schloß Austerlitz in Südmähren, in: Stifter-Jahrbuch 5, 1957, 174 ff.; H. LORENZ: Enrico Zuccallis Projekt für den Wiener Stadtpalast Kaunitz-Liechtenstein, in: Österreichische Zeitschrift für Kunst- und Denkmalpflege 34, H. 1/2, 1980, 16 ff.
65 Im einzelnen siehe LORENZ (wie Anm. 64).
66 Siehe Anm. 45; vgl. auch die Werkliste Seite 106.
67 BayHStA, PlS 8292; siehe auch G. VITS, Josef Effners Palais Preysing, Bonn/Frankfurt a. M. 1973, 77; G. DISCHINGER/L. KOCH OSB bereiten eine Publikation über das Palais Portia vor.
68 Frdl. Mitteilung von G. Dischinger, München; der Plan ist nachträglich „Conte di Törring" bezeichnet – dieser gelangte 1721 in den Besitz des Palastes.
69 BayHStA, PlS 8291.
70 Palais Portia, in: Bayerland 54, München 1952, 231.
71 BayHStA, PlS 9547; der Plan war bisher unter die Entwürfe für Schleißheim eingeordnet.
72 BayHStA, PlS 8314 u. 8321 – 8325; siehe S. HOFMANN, Zuccallis Pläne eines Neubaues der Ingolstädter Universität, in: Ingolstädter Heimatblätter 25, 11, 1962, 441 – 44, 46f.; B. RUPPRECHT, Akzente im Bau- und Kunstwesen Ingolstadts von der Ankunft der Jesuiten bis zum hohen 18. Jahrhundert, in: Ingolstadt, hg. v. Th. Müller u. W. Reissmüller, Bd. 2, Ingolstadt 1974, 217 ff., gibt noch zwei weitere Planserien für einen Umbau der Ingolstädter Universität an, die aber nicht Zuccalli zugeschrieben werden können.
73 GHAM, Akt 715; frdl. Hinweis von L. Koch OSB, Ettal.
74 BayHStA, PlS 19381; G. Dischinger, Johann u. Joseph Schmuzer, Zwei Wessobrunner Barockbaumeister, Sigmaringen 1977, 111, Abb. 74; dies. (wie Anm. 18), Nr. 144.
75 Bei dem Stich handelt es sich um ein Thesenblatt, vgl. A. W. WALDSTEIN-WARTENBERG, Neue Einsichten in die barocke Umgestaltung, in: Festschrift zum 600-jährigen Weihejubiläum der Klosterkirche Ettal, 1970, 87.
76 BayHStA, PlS 8248; der Plan war bisher unter die Entwürfe für Schleißheim eingeordnet.
77 BayHStA, PlS 8004 – 8067, Seite 24.
78 PAULUS (wie Anm. 2), 182 ff. mit Angabe der Archivalien.

Werke und Aufgaben

1673 ff.	*Altötting,* Wallfahrtskirche St. Maria (Überbauung der Hl. Kapelle) und Platzanlage; 1674 nur Fundamente der Kirche, 1674–1678 und 1678–1684 zwei sog. Chorherrenhäuser ausgeführt.
1673 ff.	*Ingolstadt,* Neues Schloß; Umbauten.
1674–1676	*München,* Schloß Nymphenburg; Vollendung des Barellibaues.
1674–1692	*München,* Theatinerkirche St. Kajetan; Fortführung des 1663 begonnenen Baues; Kuppel, Türme, Fassade, Loretokapelle, Hl. Kreuzkapelle, Hl. Stiege nur z. T. ausgeführt.
1676	Trauergerüst für Kurfürstin Henriette Adelaide; Entwurf, am 30. 3. 1676 in der Theatinerkirche in München errichtet.
1676 ff.	*München-Obermenzing,* Schloß Blutenburg; Sanierungs- und Umbaumaßnahmen, (Zuschreibung).
nach 1676	*München* (Theatinerstr. 20), Palais des Freiherrn Anton von Berchem; (Zuschreibung), nicht erhalten.
um 1678	*Tegernsee* (Lkr. Miesbach), ehem. Benediktinerkloster; Gesamtplan für eine Klosterneuanlage, (Zuschreibung).
nach 1678	*München* (Herzogspitalstr. 7), Palais des Freiherrn Franz Karl von Au; (Zuschreibung), nicht erhalten.
1680 ff.	*München,* Stadtresidenz; Neuanlage, Umgestaltung und Wiederherstellung von Zimmerfolgen (1680–1685 Alexander- und Sommerzimmer; 1690–1701 Kaiserzimmer; 1693/94 Holländisches Kabinett, als Raum erhalten).
1684–1688	*Lustheim* (Lkr. München), Schloß Lustheim mit südlichem Pavillon/Renatuskapelle (1686–1688) und nördlichem Pavillon/Stall (1688).
1685–1701	*Lustheim/Oberschleißheim* (Lkr. München), Projekte zur Schloßgartenanlage; nur z. T. ausgeführt.
1685 ff.	*München-Milbertshofen,* ehem. Schwaige St. Georgen, Stallung.
um 1688	*Austerlitz* (Slavkov u Brna, CSSR, Südmähren) Schloß; Um- und Neubauplanung, nicht ausgeführt.
1688 ff.	*Wien* (Bankgasse), Stadtpalais Kaunitz-Liechtenstein; später verändert.
1689	Bauaufsicht bei der Isarbrücke Ismaning.
1689	Bauarbeiten an einem Kanalgebäude bei Schleißheim.
1690	*Straubing,* Schloß und Regierungsgebäude; Instandsetzungsplanung.
1690	Überwachung von Befestigungsarbeiten an der Isar bei Landshut.
1690	Schloß des Freiherrn Anton von Berchem bei Landshut; Besichtigung wegen Reparaturarbeiten.
1690	Schloß Leonsberg, Bauaufsicht bei Reparaturarbeiten.
1691	Besichtigung der Isarbrücke bei Lechhausen.
1691	Inspektionsreise nach Braunau, Marktl, Burghausen, Wildshut und Wasserburg.
1691	*Braunau,* Festung; Baubesichtigung.
1691–1696	*München-Berg am Laim,* befestigte Bauanlage beim ehem. Schloß; nicht erhalten.
1691–1697	*München* (Weinstraße), Kloster der Englischen Fräulein; nicht erhalten.
1691 ff.	*Ingolstadt,* „Reitschule"; Planung.
1691 ff.	Ehem. Jagdschloß Lichtenberg (Gemeinde Scheuring, Lkr. Landsberg am Lech); 1806–1809 abgebrochen.

nach 1692	*München* (Residenzstr. 6), Palais des Grafen Franz Albrecht von der Wahl; nicht erhalten.
nach 1692	*München* (Rosental 7), Palais des Grafen Maximilian Kajetan von Törring-Seefeld; nicht erhalten.
1693 ff.	*München* (Kardinal-Faulhaber-Str. 12), Palais des Grafen Paul von Fugger zu Kirchberg und Weißenhorn, später Portia; verändert erhalten.
1694	*Brüssel* (Belgien), ehem. Statthalterresidenz; Renovierung und Umbauten der Innenräume.
1694/95	*Ingolstadt,* Universität; Entwurf für Um- und Neubau, nicht ausgeführt.
nach 1694	*München* (Dienerstr. 12), Palais des Grafen Ladislaus von Törring; Neubau unter Einbeziehung des Muggenthalerturmes, nicht erhalten.
1695	*Lüttich* (Belgien), ehem. Erzbischöfliches Palais; Umbauten und Umgestaltung der Wohnräume.
nach 1695	*München* (Kardinal-Faulhaber-Str.), Palais des Grafen Leonhard Simpert von Törring-Jettenbach und sog. Wessobrunnerhof; nicht erhalten.
1696	*Freising,* Bischöfliche Residenz; Umbauten und Reparaturen.
1696–1722	*Lustheim* (Lkr. München), Galerie; nicht erhalten.
vor 1697	*München/Kehlheim,* „Invaliden- oder Gnadenhaus"; Planung, Entwürfe bisher nicht aufgefunden.
1697–1702	*Bonn,* ehem. Schloß (heute Universitätshauptgebäude); z. T. verändert erhalten.
nach 1698	*München* (Prannerstraße), Palais des Grafen Georg Sigmund Christoph von Thürheim; nicht erhalten.
1698/99	*Bouchefort* bei Brüssel (Belgien), Jagdschloß; Planung, Entwürfe bisher nicht aufgefunden.
1698/99	*Mariemont* bei Soignies (Belgien), Schloß; Instandsetzungsarbeiten.
1700 ff.	*München-Harlaching,* Gartenschlößchen des Barons Marx von Mayr; nicht erhalten.
vor 1701	*Seefeld* (Lkr. Starnberg), „Rekreationshaus im Garten"; nicht erhalten.
1701–1704	*Oberschleißheim* (Lkr. München), Neues Schloß Schleißheim; später verändert.
1701–1705	*München,* Schloß Nymphenburg; Umbau und Erweiterung zusammen mit Antonio Viscardi, später verändert.
1709 ff.	*Ettal* (Lkr. Garmisch-Partenkirchen), Benediktinerkloster; Um- und Neubauplanung von Kirche und Kloster, z. T. verändert erhalten.
1715–1716	*München,* Dreifaltigkeitskirche; Bauaufsicht bei der Vollendung des 1711 nach Plänen Antonio Viscardis begonnenen Baues.
vor 1717	*Murnau* (Lkr. Garmisch-Partenkirchen), Pfarrkirche St. Nikolaus; vielleicht Vorentwurf für das Langhaus.
1717–1720	*Mittenheim* (Lkr. München), ehem. Franziskanerkloster; 1804 Kirche abgerissen, Klostergebäude erhalten.
1722	Beteiligung an Festdekorationen und Umbauten in München und Schleißheim anläßlich der Hochzeitsfeierlichkeiten für Kurprinz Karl Albrecht.
um 1722	Auftrag zu einer Stadterweiterungsplanung für München.

Auswahlbibliographie

ANDERSEN, Liselotte, Eine unbekannte Quellenschrift aus der Zeit um 1700, in: Münchner Jahrbuch der bildenden Kunst, 3. F. 24, München 1973, 157 ff.

Ausstellungskatalog, Bayern, Kunst und Kultur, München 1972.

Ausstellungskatalog, Kurfürst Max Emanuel, Bayern und Europa um 1700, 2 Bde., München 1976, hg. v. H. Glaser (Bd. I enthält u. a. P. VOLK, Die bildende Kunst am Hofe Max Emanuels. – G. HOJER, Die Münchner Residenzen des Kurfürsten Max Emanuel, Stadtresidenz München, Lustheim, Schleißheim, Nypmphenburg).

BAUER, Robert, Bayerische Wallfahrt Altötting, 2. neubearb. Aufl. München 1980.

BESCH, Ulrike, Studien zur Ausstattung von St. Kajetan in München, Ein Beitrag zur Funktion ephemerer Systemelemente in der Kunst des Barock, (Diss.) München 1983.

BORSI, Franco, Gian Lorenzo Bernini, Architekt, Das Gesamtwerk, Stuttgart/Zürich 1983.

DIEMER, Peter, Materialien zu Entstehung und Ausbau der Kammergalerie Maximilians I. von Bayern, in: Quellen und Studien zur Kunstpolitik der Wittelsbacher vom 16. bis zum 18. Jahrhundert, München 1980, 129 ff.

DISCHINGER, Gabriele, Johann und Joseph Schmuzer, Zwei Wessobrunner Barockbaumeister, Sigmaringen 1977.

– Zeichnungen zu Architektur und Ausstattungen von Sakralbauten bis 1803 im Bayerischen Hauptstaatsarchiv, I Altbayerische Bestände, 1983 abgeschlossenes Manuskript.

DISEL, Matthias, Erlustierende Augen-Weyde, Zweyte Fortsetzung, vorstellend die Weltberühmte Churfürstliche Residenz in München, als auch vornehmlich die herrlichen Pallatia und Gärten so Ihro Churfürstl. Durchl. in Bayern Maximilian Emanuel zu Dero unsterblichem Ruhm erbauen lassen, 42 Bl., Augsburg ca. 1723.

ERICHSEN, Johannes (Hg.), Blutenburg, Beiträge zur Geschichte von Schloß und Hofmark Menzing, München 1983.

Festschrift zum 600-jährigen Weihejubiläum der Klosterkirche Ettal, Ettal 1970 (enthält u. a. G. SCHÜSSLER, Zum gotischen Zwölfeckbau. – A. WALDSTEIN-WARTENBERG, Neue Einsichten in die barocke Umgestaltung).

FEULNER, Adolf, Bayerisches Rokoko, München 1923.

GATZ, P. Johannes, Das ehemalige Franziskanerkloster Schleißheim-Mittenheim, in: Bavaria Franciscana Antiqua I, München/Landshut 1953, 368 ff.

Die Gesellschaft Museum in München, Festschrift zur Hundertjahrfeier 1902, München 1902.

GÖTZ, Ernst, Beobachtungen am neuen Schloß Schleißheim zu seiner Planungs- und Baugeschichte unter Zuccalli 1701–1704, München 1976 (Masch.).

GULDAN, Ernst, Quellen zu Leben und Werk italienischer Stukkatoren des Spätbarock in Bayern, in: Arte e artisti dei laghi Lombardi II, Como 1964.

HANSMANN, Wilfried, Baukunst des Barock, Köln 1978.

Häuserbuch der Stadt München, hg. v. Stadtarchiv München, München 1958 ff.

HAUTTMANN, Max, Geschichte der kirchlichen Baukunst in Bayern, Schwaben und Franken 1550–1780, 2. Aufl. München 1923.

HEYM, Sabine, Schloß Lustheim, Jagd- und Festbau des Kurfürsten Maximilian II. Emanuel von Bayern, (Diss.) München 1983 (erscheint in: Oberbayerisches Archiv 109, 1984).

HOFFMANN, Richard, Das Marienmünster zu Ettal im Wandel der Jahrhunderte, Augsburg 1927.

HOFMANN, Siegfried, Zuccallis Pläne eines Neubaues der Ingolstädter Universität, in: Ingolstädter Heimatblätter 25, 11, Ingolstadt 1962, 41–44, 46 f.

Hubala, Erich, Schleißheim und Schönbrunn, Anregungen und Einflüsse J. B. Fischers von Erlach in den Entwürfen Zuccallis, in: Kunstchronik 10, 2, München 1957, 349 ff.
- Schloß Austerlitz in Südmähren, in: Stifter-Jahrbuch 5, Gräfelfing 1957, 174 ff.
- Henrico Zuccallis Schloßbau in Schleißheim, Planung und Baugeschichte 1700–1704, in: Münchner Jahrbuch der bildenden Kunst, 3. F. 27, München 1966, 161 ff.

Hüttl, Ludwig, Max Emanuel, Der Blaue Kurfürst 1679–1726, München 1976.

Ingolstadt, hg. v. Th. Müller u. W. Reissmüller, 2 Bde., Ingolstadt 1974 (enthält u. a. B. Rupprecht, Akzente im Bau- und Kunstwesen Ingolstadts von der Ankunft der Jesuiten bis zum hohen 18. Jahrhundert).

Ingolstadt, Bilddokumente der Stadt Ingolstadt 1519–1930, hg. v. S. Hofmann u. W. Reissmüller, Ingolstadt 1981.

Imhof, Gabriele, Der Schleißheimer Schloßgarten des Kurfürsten Max Emanuel von Bayern, Zur Entwicklung der barocken Gartenkunst am Münchner Hof, (MBM H. 82) München 1979.

Knopp, Gisbert u. Hansmann, Wilfried, Universitätsgebäude in Bonn, Neuss 1976.

Koch, Laurentius OSB, Der Ettaler Hochaltar, Eine Untersuchung zu seiner Geschichte im 18. Jahrhundert, in: Ettaler Mandl, 55, 28, 1976, 29 ff.
- Die Sakristei der Klosterkirche Ettal, in: Jahrbuch des Vereins für christliche Kunst 10, München 1978, 71 ff.
- Ettal, Benediktinerabtei-, Pfarr-, Wallfahrtskirche, (Gr. Kunstführer Nr. 3), 4. völlig neu bearb. Aufl. München/Zürich 1980.

Lampl, Sixtus, Die Klosterkirche Tegernsee, Maßanalytische Untersuchungen zum Bestand, zur Baugeschichte und zur Funktion, in: Oberbayerisches Archiv 100, München 1975, 3 ff.

Lieb, Norbert, Münchner Barockbaumeister, München 1941.
- Die Vorarlberger Barockbaumeister, 3. völlig neu bearb. Aufl. München 1976.
- München, Die Geschichte seiner Kunst, 2. durchges. Aufl. München 1977.

Lipp, Hildegard, Kurfürst Max II. Emanuel von Bayern und die Künstler, (Diss.) München 1944.

Lippert, Karl-Ludwig, Giovanni Antonio Viscardi (1645–1713), Studien zur Entwicklung der barocken Kirchenbaukunst in Bayern, München 1969.

Lorenz, Hellmut, Das ‚Lustgartengebäude‘ Fischers von Erlach – Variationen eines architektonischen Themas, in: Wiener Jahrbuch für Kunstgeschichte 32, Wien 1979, 59 ff. (und ebd., 33, 1980, 174 ff.).
- Enrico Zuccallis Projekt für den Wiener Stadtpalast Kaunitz-Liechtenstein, in: Österreichische Zeitschrift für Kunst- und Denkmalpflege 34, Wien 1980, H. 1/2, 16 ff.
- Domenico Martinellis Projekt für Schloß Austerlitz (Slavkov u Brna) in Mähren, in: uměni, Praha 1981, 250 ff.

Paulus, Richard A. L., Der Baumeister Henrico Zuccalli am kurbayerischen Hofe zu München, Straßburg 1912 (mit Verzeichnis der älteren Literatur).

Petzet, Michael, Unbekannte Entwürfe für die Schleißheimer Schloßbauten, in: Münchner Jahrbuch der bildenden Kunst 3. F. 22, München 1971, 179 ff.
- Entwürfe für Schloß Nymphenburg, in: Zeitschrift für Bayerische Landesgeschichte 35, 1, München 1972, 202 ff.

Rall, Hans u. Hojer, Gerhard, Kurfürst Max Emanuel der „Blaue König“, München 1979.

Riedl, Dorith, Theatinerkirche St. Kajetan, in: N. Lieb/H.-J. Sauermost, Münchens Kirchen, München 1973, 113 ff.
- Zur Planungs- und Baugeschichte des Neuen Schlosses Schleißheim unter Henrico Zuccalli, in: Oberbayerisches Archiv 100, München 1976, 283 ff.

Schedler, Uta, Murnau am Staffelsee, St. Nikolaus und seine Nebenkirchen (Schnell, Kunstführer Nr. 476) 4., völlig neu bearb. Aufl. München/Zürich 1984.

SCHELLING, Günter, Die Instandsetzung der Westfassade des Neuen Schlosses in Schleißheim 1959–1962, in: Deutsche Kunst- und Denkmalpflege, München/Berlin 1965, 1, 51 ff.

SCHMID, Elmar D., Nymphenburg, München 1979.

– Schloß Schleißheim, München 1980.

STRIDBECK, Johann, Theatrum der vornehmsten Kirchen, Clöster, Pallast und Gebeude in Churf. Residentzstadt München, Augsburg um 1700.

VIERL, Peter, Neue Erkenntnisse zur Baugeschichte des Schlosses Nymphenburg, in: Jahrbuch der Bayerischen Denkmalpflege 29, München 1972/74, 97 ff.

VITS, Gisela, Josef Effners Palais Preysing, Ein Beitrag zur Münchner Profanarchitektur des Spätbarock, Bonn/Frankfurt a. M. 1973.

WENING, Michael, Historico-Topographica Descriptio, Das ist: Beschreibung des Churfürsten und Herzogthumbs Ober- und Nider Bayrn, München 1701 ff.

ZENDRALLI, A. M., Graubündner Baumeister und Stukkatoren in deutschen Landen zur Barock- und Rokokozeit, Zürich 1930.

– I Magistri Grigioni architetti e costruttori, scultori, stuccatori e pittori – dal 16° als 18° secolo, Poschiavo, 1958.

Amtliche Führer: Schloß Nymphenburg, Schloß Schleißheim, Schloß Lustheim, Residenz München.

Abbildungsnachweis